住谷光一

水戸光圀の餘香を訪ねて

◆水戸史学選書◆

水戸史学会発行
錦正社発売

平櫛田中作義公立像

（常磐神社義烈館蔵）

水戸光圀関係史跡図

飯村家
荷見家
北茨城市
大森家
北茨城
那珂川町
大子町
野口家
高萩市
高萩
細谷家
大金家
會澤家
後藤家
久昌寺
日立北
日立市
鏡徳寺
常寂光寺
正宗寺
日立中央
常陸大宮市
栃木県
118
常陸太田市
耕山寺
旌櫻寺
日立南太田
堀江家
根本家
大内家
大森家
鴨志田家
河合神社
城里町
淨鑑院跡
那珂市
東海村
那珂
清音寺
鈴木家
ひたちなか市
百色山
水戸
水戸市
笠間市
賓閣跡
川市
友部
友部JCT
水戸南
願入寺
茨城町東
茨城町西
大洗町
茨城町
岩間
百樹園
石岡市
6
小美玉市
千代田石岡
鉾田市

序

水戸史學會　会長　宮田正彦

芳躅といふ言葉がある。躅は迹であって、古人のゆかしい行ひの語り伝へられたるをいふ。

いふまでもなく、水戸徳川家二代藩主光圀公（義公）は、生前已に「備武兼文絶代名士」と讃へられ、身近に接する臣下達からは「只々英雄と申し奉るべし」と全幅の信頼と敬仰とを寄せられた、近世史上に卓立する偉人である。

著者は、その義公の芳躅を慕ひ、公務の余暇にその由縁の地を訪ね続けること八年余、旧家を尋ね当てては、その遺風の、三百年を隔ててなほ人々に慕はるるに驚き、湮滅した遺跡の迹に立つては、あるいはこれを土地の人に尋ね、あるいは文献を渉猟して、努めて往時の景観を再現せんと努め、その感激・感懐を筆に託して逐次『水戸史學』誌上に連載発表されて来た。積み来たつた玉篇の、回を重ねること十二回、尋ねた遺跡の数は二十五箇所に及んだ。今茲、官務を退くに当つて、いささか加筆訂正して再編し、一書と為すこととされ、私に序文を求められた。

本書の特色の第一は、著者自らが現地に赴き、その現状を観察叙述してゐることであり、第二はその地の関係者とさまざまに言葉を交しては、思ひを共にしようとする姿勢にあらう。しかも著者は、義公がその地で詠じた詩歌を便りに、土地の人と共に、時空を越えて往時に在るがごとくに、公が聞いた花の香に酔ひ、公が仰いだ月を賞でようとするのである。行間に匂ひ立つのは著者の風雅を愛する心である。

著者が探訪の契機として活用した弓野氏の『義公史蹟行脚』は、遺跡を次々と辿るのであるが、本書は、其処に立ち止まり、其処を徘徊するのである。しかも著者は、更に加へて、当時義公に関つた人々の風姿や往時の面影を求めて、漢詩のみならず文献や古文書などの史料にまで探求の手を延ばすのである。

これ、本書が、世間に流行する観光案内や弓野氏の著書とは、断然その面目を異にする所以である。実は著者の専門は史学ではなく経済学である。学窓を出でて一たびは金融機関に就職したが飽き足らず、その志を実現すべく教職に身を投じたといふ経歴の持ち主である。この書に見られる教養と見識とは、公職に在りながらも、寸暇を惜しんでは同好の士とともに切磋琢磨することを忘れなかつた著者の眞摯・誠実な努力の一端であり、四十年の歳月の撓まざる精進によつて培はれたものである。

本書は、著者の退官を記念する一里塚に止らず、義公探求の書として新たな視点を提供するものであり、義公研究に更なる一頁を加へるものといへやう。「水戸史学選書」の一として本書を迎へたことを喜び、江湖に推奨すると共に、著者の今後のさらなる精進を期待し、いささか蕪辞を連ねて序文とする。

平成十九年立春の日に

まえがき

平成十二年（二〇〇〇）は、ちょうど義公薨後三百年・烈公生誕二百年にあたっていた。その記念すべき時にあたり、『水戸史学』第五十二号は義公・烈公特集号とすることになった。故名越千秋先生の御勧めもあり、筆者はたまたま、義公について一文を草することになった。そこで思いついたのは、長年気にとめていた、義公の史蹟についてである。とりあえず水戸周辺の史蹟について調べようと考え、土曜日・日曜日をかけ、水戸の自宅から行動できる範囲で調査を開始した。

義公引退の時、水戸から最初に向かったのは、現在の日立市大和田町田中内の大内家であったので、ここから書き始めることとした。平成十一年（一九九九）の秋のことである。そこを基点として、金砂郷町（現常陸太田市）小島の鴨志田家、隠れた桜の名所である旌櫻寺を訪れて文章とし、『水戸史学』に寄稿した。それ以来「義公の足跡を訪ねて」と題し書き続けること十二回、相当の分量となったので、ここに一書にまとめることにした。

寄稿に際し、筆者がたえず参考にしたのは、義公の史蹟を隈なく行脚したという、弓野国之介氏の『義公史蹟行脚』である。この書は、昭和三年の義公生誕三百年祭に、氏が風雨を冒して義公史蹟を巡ること「前後百餘日間、いはらき新聞に連載したものを、其後人々の勧めにより単行本」にしたものであるという。実に希有の書というべきであろう。

この本の序文の中で、斎藤隆三氏は、

一体史蹟の保存乃至顕彰といふことが、その地方士気の振興の上に甚大なる影響を有するものであることはいふまでもなく、これを小にしては愛郷心、これを大にしては愛国心の発動も之に基くものが多いとせねばならぬ。特に百年希出の偉人義公の関係史蹟を闡明することの如きは、独り史蹟表彰といふ方面からばかりでなく、偉人の事跡行動を明らかにする上に於いて更に必要な事であり、有益なことであり、為さねばならぬ事とする。

と述べているが、弓野氏の『義公史蹟行脚』出版の持つ意義が、ここにはっきりと示されていよう。その弓野氏の『義公史蹟行脚』から約八十年。この書を頼りに、その後の義公史蹟がどのような状況かを知るために訪ね歩いてまとめたのが、この書である。筆者の書は、弓野氏のそれに比すべくも無いが、公の遺跡を探り、公の偉業をあらためて顕彰する上で、いささかの貢献が出来るのではないかと思っている。

なお今回一本にまとめるに当っては、文の一部に手を加えまた地域別に再編成するなど、少しく改変を加えた。さらに、日乗上人とその師である京都深草の元政上人との関係について考察した、「日乗と元政上人」の論考も、巻末に加えることとした。

平成十九年三月

著者記す

水戸光圀の餘香を訪ねて　目次

水戸光圀の餘香を訪ねて

日立市

義公の引退と田中内大内家

義公が藩主の地位を退いたのは、元禄三年（一六九〇）十月十四日、義公六十三歳の時のことである。引退の理由について、義公の日常を書き記した『桃源遺事』という書物を見ると、

内々いつれも承候通、腕痛ミ武役をも勤かたく、其上近年寒氣の時分はおほえす下血漏候付（中略）上への憚すへき様無レ之候。左候とて度々不レ參も氣隨のやうに候間、此所自分にも決しかたく存候段、より〳〵老中へ物語申候所ニ、速上聞に達し、右の旨趣御聞届、此度隱居仰付られ、少将綱條に家督相違なく下され、重疊本望之儀難レ有候。

とある。要するに、年を取って腕が痛み武役なども勤めることが出来なくなったので、老中などと相談したところ、幸いに引退を認められた。その上世嗣綱條に家督の相続が認められ、隠居を申し付けられたことは本望である、ということが書いてある。

しかしよく考えてみると、それだけの理由で義公が引退を決意したとも思えない。将軍綱吉の子徳

松をめぐる世継ぎ問題や、生類憐れみの令に対する批判など、綱吉との関係が悪くなったことなどにも原因があろう。さらには、若き日から敬愛していたシナの陶淵明が、六十三歳でその生涯を閉じていることにも、原因があるかも知れない。

人口に膾炙する陶淵明の「田園の居に帰る」の五言詩の冒頭は、

少にして俗韻に適する無く、性本丘山を愛す
誤って塵網《じんもう》の中に落ちて、一去三十年なり

という句で始まる。生まれつき山々の自然を愛しながら、役人となって三十年の歳月が過ぎ去ってしまったことへの、慨嘆を示している。

義公も、寛文元年（一六六一）、三十四歳で父頼房公のあとを継いでから、藩主としてすでに三十年、相当に長い年月であった。また丘山を愛すること人後に落ちないという気持ちも強い。この時の義公の胸中を察するに、まさしく陶淵明の心境であったのではなかろうか。

翌十月十五日、権中納言に任ぜられ、二十九日には、帰国にあたり世嗣綱條に詩一編を与え、遺訓としている。その最後の部分はこうである。

鳴呼汝欽《つつし》め哉。国を治むるは必ず仁に依れ。禍は閨門より始る。慎みて五倫を乱すこと勿れ。
朋友礼儀を尽し。旦暮忠純を慮れ。古へ謂ふ。君以て君たらずと雖も臣臣たらざるべからず。

仁政を行うことといい、五倫を乱さずということといい、義公が常に心がけていたところであっ

大内家近景

た。しかし、特に重要なところは「君以て君たらずと雖も臣臣たらざるべからず」の一句で、これは「義公以来の家訓」として歴代の水戸藩主に伝えられたといい、遂に十五代将軍慶喜公による大政奉還となったことは、周知のことである。

さて義公は、十二月四日に水戸に到着し、五日から七日にかけて、一族を集めて訓示し、学問によって生きることの大切さを説いたりしたが、二十六日になると、「当暮は方角悪し」ということで、田中内村《たなこうち》（現日立市大和田町田中内）の大内勘衛門宅に出向き、そこで歳を越している。当時西山荘はまだ完成しておらず、実際に移るのは、翌元禄四年（一六九一）五月九日になってからのことである。

平成十二年（二〇〇〇）四月一日、筆者がはじめて大内家を訪れた時、現当主大内寧《やすし》氏はあいにく不在であったが、かわって夫人が応対してくださった。いろいろと話を伺ったところ、伝来の古文書類は、日立市郷土博物館に寄託しているとのことであった。早速、神峰公園入り口にある日立市郷土博物館を訪れ、大内家の文書の閲覧を願い出でた。記録は、郷土博物館に大切に保管されていた。

それによると、元禄三年（一六九〇）十一月中に「其方御殿方宜ニ付」、即ち方角がよいので、そちらで歳を越したいのでよろしく、という挨拶が水戸からあったとある。十二月二十六日の義公到着に合わせ、大内家ではご馳走にと、自家製の粉を使い、「上町の高砂屋」に「饂飩《うどん》」を打ってもらって準備していたことが、『水戸歴世譚』に書いてある。義公の好物であったことが知られよう。この時の滞在は、正月十六日までで、同家記録には、「十六日水戸へ帰御」とあり、当主である大内勘衛門は、途中まで御供している。

なぜ大内家で歳を越したのか。筆者にははっきりとしなかったのであるが、今回の調査によって、すでに初代の威公の時の万治三年（一六六〇）、鷹狩の「御休所」として利用されていたことが判明し、納得がいった。義公自身も、寛文年間以降、何度か訪れていることがわかる。

文書中、歴代藩主の訪問を記録したところには、「義公様西山御殿に在らせられ候内、一ヶ年ニ五六度成せられ」て、近くの茂宮川、久慈川、小河原あたりで狩をしたことなどが書かれている。滞在期間は五、六日前後、長いときには十数日間とあるから、義公は相当に、大内家のたたずまいや、その周辺の景色にひかれるものがあったと考えてよい。

義公の大内家との交流について、大内氏が旧佐竹氏の有力な家臣であったので、これとの交流は水戸藩政の安定にとって必要不可欠であったがゆえである、との指摘がなされている。しかし同家の記録などからみても、義公の訪問は、このあたりが気に入っていたことによることは、明らかである。この地域は海岸にも近く、交通の要衝にあたり、久慈浜、助川から陸奥方面への交通を抑えられることで、当時においても軍事上極めて重要な意味を持っていたことであろうが、それ以上に考えなければならないことは義公の人間観や自然観についてであり、さらには、大内勘衛門その人についてではなかろうか。

大内家周辺（川は茂宮川）

西山荘から、一年に五六度訪ねているということは、このあたりが、ゆるやかな阿武隈山系の山ふところに抱かれた野趣深い土地柄であったことや、勘衛門その人が、様々な点で義公のめがねにかなった人物であったことがその最大の理由ではなかったか、と筆者には思われるのである。

ちなみに、『義公書簡集』を見ると、大内勘衛門に宛てた手紙が三通載せられている。日立郷土博

物館に寄託されている『大内寧家文書』のなかに、

元禄七戌二月、依台命御参府西山御殿大廣間御番相勤候節従江都真翰三通賜ル

とあるのは、この三通を指すものであろう。内容からみると、元禄七年（一六九四）七月のものと推測される。そのうちの七月八日付けの手紙は、

当夏は別而暑気甚候。御手前同内儀勘助兄弟も堅固御入候哉。其後ハ久敷疎遠打過申候。我等事いつをいつとなく逗留申、うつら〱と日をくらし申候。よもや年内には御暇被下事と是を命に致候。左候ハヽ今一度ハ各へも懸御目可申、又左衛門方息災に居被申候や、御逢候ハヽ自安老へも能ヽ頼御さいかく頼入候。　以上

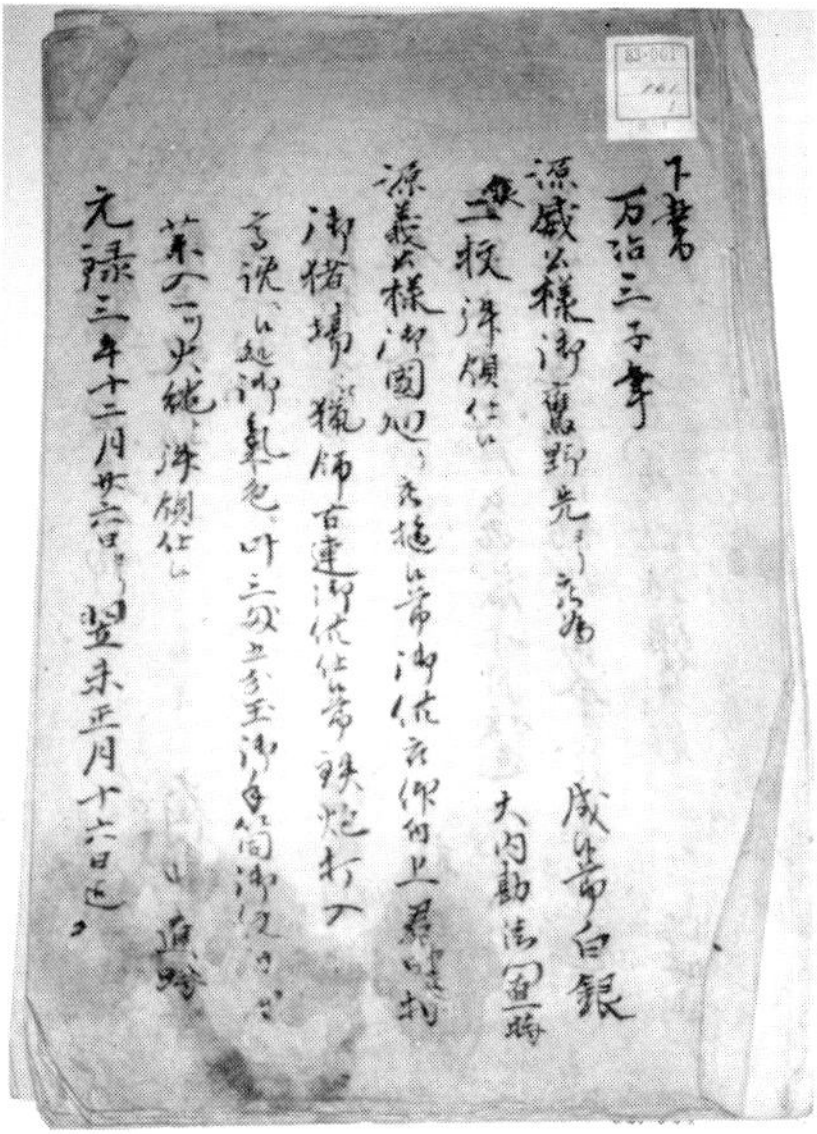

大内寧家文書（日立市郷土博物館蔵）

とあるが、その文面の前に、

六ヶ敷事無心申ひとへニ〱頼入候。あはれ〱しゆひいたし候へかしと存候。

とも書いている。「六ヶ敷事」以下の文は、追って書きとして書かれたもので、「御さ

いかく頼入候」に続くものと推測できる。ここで又左衛門とあるのは、鴨志田又左衛門のことと考えられる。義公が江戸に出府した元禄七年は、例年にも増して暑かったのであろう。三月四日の江戸到着以後、将軍への講釈のほかは特に用事もなく、日を過ごしている義公であった。

しかし、何事か重大な事態が発生したのであろうか。「六ヶ敷事」とは何か、確証はないが、国元の大内氏や鴨志田氏を頼みとすべき問題があったと思われる。この二氏は、義公の留守に西山荘の管理を命ぜられていたものと考えられる。

七月二十日付の手紙になると、

我等事于今なからえ申候。せめて存命之内一度西山へ帰り申度（中略）近頃六ヶ敷事無心申候。委細追而可申入候。以上

とあり、「せめて存命之内一度西山へ帰り申度」と書き送っているのは、よほど重大な決心をせざるを得ないことがあった可能性がある。この年の十一月、藤井紋太夫一件があったこととも、関連があるのかも知れない。

いずれにせよ、義公の勘衛門にたいする信頼には相当のものがあり、決して裏切ることのない人物として見込んでいたことは、明らかである。

さて、話は引退の翌年、元禄四年正月に戻る。『常山文集拾遺』の中に見える五言詩は、大内家で過ごした正月が、義公にとって、いかにのんびりとしたものであったかを証している。

元旦口號

歳々被春役　今年始得春
寂然忘世事　仡爾葆天眞
斟醪代屠白　開爐燔烏銀
煙霞入痼疾　花鳥悩吟身
廬有養生主　門無納賀賓
誘枕快夢寝　隠几放欠伸
黄鸝勿出谷　喚起止丘人

元旦口號

歳々春役《しゅんえき》を被り、今年始めて春を得。
寂然《じゃくぜん》世事を忘れ、仡爾《きつじ》として天眞に葆《やす》んず
醪を斟《く》みて屠白に代え、爐を開きて烏銀《うぎん》を燔《や》く
煙霞《えんか》痼疾《こしつ》に入り、花鳥吟身《ぎんしん》を悩ます
廬に養生の主有り、門には納賀《のうが》の賓無し
枕を誘えば夢寝快く、几を隠して欠伸を放つ
黄鸝勿ち谷を出で、喚起す丘に止まるの人

「廬に養生の主有り、門には納賀の賓無し」といい、多忙な藩主の地位を退き、正月といっても訪問客にもわずらわされることもなく、のんびりと別天地で日を送っている義公の、晴ればれとした心境が伝わって来る詩ではないだろうか。「煙霞痼疾に入る」というのは、隠居をして山水を愛すること甚しいときに用いる語である。引退して静かな自然のなかで生活することをかねてから望んでいた義公の素直な気持ちの発露だと思われる。「丘に止まるの人」とは、止まるべき所を知って静かなところに隠棲しようとしている人、即ち義公自身であろう。その大内家は、義公にとって「仡爾として

天眞に葆んず」べき所、心休まる
場所であったろう。

大内家周辺略図

北茨城市

磯原野口家

平成十四年（二〇〇二）の春、山形県尾花沢市の陶芸家、伊藤瓢堂氏から電話が入った。磯原の野口不二子さんに会ったが、素晴しい方なので一度訪ねたらどうか、という内容である。次回は、義公と野口家の関係について書いてみようと思っていた矢先だったので、瓢堂氏の一言に後押しされ、直ぐ電話をかけてみた。不二子さんは各地での講演会、テレビ出演などで極めて多忙な方だと知っていたので、面会は難しいであろうと考えた。はたせるかな、訪問は無理であった。

七月から八月には、茨城県を会場としてインターハイが開催され、筆者も夏休み返上でその運営にあたった。野口家訪問は、秋を待たなければならなかったのである。

茨城県民の日の前日、十一月十二日のことである。明日は休日というので、思い切って野口家に電話を入れてみた。不二子さんがたまたま出られたので、明日の御都合をお聞きすると、「午前中は人が来て忙しいが午後ならば何とか」、といわれる。翌十三日、願ってもない機会とばかりに那珂インターから常磐高速道に乗り、磯原を目指す。天気は快晴である。日立市内のトンネルを幾つか抜けると、右手には青々とした太平洋の大海原がゆったりと広がり、左手阿武隈山系の山々は紅葉が始まり、目に美しい。

約四十分ほどで北茨城インターに着くが、磯原はここを下りたその先である。海岸に向って東に進み、ＪＲ磯原駅を左に見ると、直ぐに国道六号線にぶつかる。これを北上して間もなく、小高い丘が海に突き出している光景に出会うが、ここは義公が海上交通の安全の為、天妃神を祭った地である。この付近一帯が磯原の地で、少し北に行ったところに旅館「としまや」があり、目指す野口家は、丁度道路を挟んでその反対側にある。建物は人目を引く重厚さがあり、入口の椎の古木が家の来歴を物語る。最近になって野口家では資料館を造り、名付けて「雨情生家の館」という。勿論その多くは、わが国が誇る童謡作家野口雨情に関する資料が主であるが、野口家の来歴に関する貴重な資料も数多くある。

童謡唱歌についていえば、今、小学校などでは現代音楽を取り入れたため、心の琴線に触れるような旋律の美しさ、言葉の美しさをもつ曲が少なくなったという。最近雨情の曲などが見直され、静かなブームとなりつつあることは、好ましい傾向であろう。

玄関に立って来訪を告げると、不二子さんが応待に出て来られた。応接間に案内されると、早速お話を伺った。すると不二子さんは、開口一番、「今日あなたが来られたのも何かのお導きです。」とい

現在の観海亭

われる。また、今雨情を顕彰しているが、「雨情のようには詩を書かず、その精神を今の世に伝えて行く、伝統を伝えて行く、そのことに徹しているの」ともいわれた。

応接間の大きなテーブルには、すでに巻物が用意されてあった。拝見すると、『野口家系図』である。それによると、先は「第三十一代敏達天皇の皇子葛城王」に出で、歴世を経て「橘正康」という人物に至る。即ち楠木正成公の父である。その弟には、楠木七郎正季がいる。

延元元年八月摂津湊川合戦敗テ一族三十六人兄正成ト交刺討死、残兵五十餘人割腹シテ自殺一族十六人赤坂残兵共正行属

と『系図』にあり、正成と刺し違えた正季が野口家の先祖であると伝えている。正季の三代目に正這という人物が出て、「三河国加茂郡野口

村ニ止リ、野口氏ト改メル」とある。その後七代にわたって三河に居住した後、正当という人物の時常陸に下り、土着した。数代の後勝親に至る。『系図』はこの勝親について、

慶安三年寅正月十五日、橘氏ノ裔ナルヲ以テ水戸威公様ヨリ水戸藩郷士に召出シ相成、米十五石三人扶持拝領、承應二巳年居屋敷拝領、御用炭運送加役被仰付、元禄十丑年マテノ四十八年ノ間勤役、老病ノ上隠居、亦水戸義公様ヨリ隠居名不磷ヲ賜フ。

元禄十一年寅七月十六日七十八卒

観海亭幽心不磷居士

と記している。勝親は威公頼房の時に郷士となり、義公の代まで四十八年の長きにわたり仕えたのである。

さらに『桃蹊雑話』（巻之七）をみると、

磯原村の郷士野口市蔵が祖は、威公時代郷士に仰せつけられ、御成御殿ありて威公にも両度御止宿の由、義公御代寛文中御殿焼失、上より御普請下され候處、同十一年又々類焼に付度々上の御物入恐れ入るとて、自分普請に願ひ出來す。延寳元年丑八月義公御止宿遊ばされる。

とある。市蔵の祖というのは勝親のことで、威公の代より「御成御殿」があったことがわかるし、二度にわたり火災に遭ったこともわかる。三度目の御成御殿は、勝親自らの費用で建てたのであった。

義公が御成御殿に泊ったのは、この延宝元年（一六七三）が最初と考えられるが、記録によるとそ

の後七回ほどこの地を訪れ、西山荘隠居の後はそのうちの四回ほどと思われる。いずれも海辺の月を鑑賞し、漢詩を詠んでいる。元禄五年（一六九二）九月十三日の詩は、『常山文集』（巻之十二）にあるが、題も「九月十三夜磯原の海辺に月を看る」というものである。

九月十三夜磯原の海辺に月を看る

月餞三秋離海隅　　月は三秋に餞《はなむけ》し海隅《かいぐう》を離る
尋常今夜得晴無　　尋常今夜晴を得るなし
影波萬顆又千顆　　波に影をなす萬顆《ばんか》又千顆
恰似光交帝網珠　　恰《あたか》も光を交える帝網珠《ていもうじゅ》に似たり

滅多に晴れることのない十三夜の月、その月の光に照らされる波のしぶきの一つ一つが、あたかも宝石のようにきらきら光るさまを詠んだものであろうか。元禄八年（一六九五）九月十三日にも、同所で次の詩を詠んでいる。題は「磯原海辺九月十三夜に遭う」である。

一年両度有佳名　　一年両度佳名《かめい》有り
月泛波濤砕玉声　　月は波濤に泛ぶ砕玉の声

洗出氷輪蒼海水　　洗出す氷輪《ひょうりん》蒼海の水
中秋明孰暮秋明　　中秋の明は暮秋の明と孰《いず》れぞ

波濤を砕く岩の上に耿々と月が光を発している。しかしその月も季節によって趣が異なる。中秋の月と晩秋の月とではいずれが優っているであろうか、という意であろう。義公が磯原の地を訪れた理由の一つには、海辺の月の幽玄さに心引かれたためかも知れない。

話の途中で、不二子さんは位牌を二体出して来られた。一つには「幽心亭不磷《ふりん》居士」と彫られている。『系図』の中にも「隠居名不磷を賜ふ」とあるから、これは勝親のものである。「不磷」の出典はと調べてみると、『論語』「陽貨篇」の中に「磨すれども磷《うす》ろがず」とある。義公が、俗事に混じっていても君子の心を忘れないよう、聖人の道を踏んで変わることがないようにとの意を込め、勝親に与えた号と思われる。

また元禄十年（一六九七）九月、里見方面から君田を経て磯原に巡見した際には、野口家の御殿に「観海亭《かんかいてい》」と名づけた。『孟子』「盡心篇」に、

孟子曰く、孔子東山に登りて魯を小とし、太山に登りて天下を小とす。故に海を観る者には水と為し難く、聖人の間に遊ぶ者には言を為し難し。

とある。海を見た者にとって、他の水流を見ても水とするに足らず、一度聖人の門に入った者には、

他の道は自ら小なるをいうのである。「不磷」の号といい、「観海亭」の命名といい、義公の学問鍛錬の一端を伺うに足るが、勝親に対する期待の程が知られよう。

もう一つの位牌は、白木のそれであった。不二子さんが是非見て欲しいといわれるものである。高さ四十センチメートル、横幅三十センチメートルほどであろうか。表面には「觀海亭、菩提院、祖先靈位」とあり、裏面には「文化十一年秋七月、北水自製傳子孫」と彫られていた。一見して見事な篆刻の書体である。

野口北水作の位牌（観海亭の文字が見える）

文化十一年（一八一四）は、第七代藩主武公の時代にあたり、近くの大津浜に、英人が上陸する事件がおこる十年前である。北水とは、この時代の野口家当主で名を勝興といい、『桃蹊雑話』に見えている市蔵とは、この人のことである。『系図』を見ると、

水戸文公様殊遇ヲ蒙リ寛政三年三月廿八日、文公様勝興ノ家ニ宿シ親書観海亭ヲ賜フ。篆刻ヲ好クス。幕府儒家柴栗山文公様命シテ勝興ノ画像ニ賛シテ曰ク

とあるから、「雨情生家の館」に現在掲げてある「観海」の扁額の書は文公、篆刻は北水ということになる。

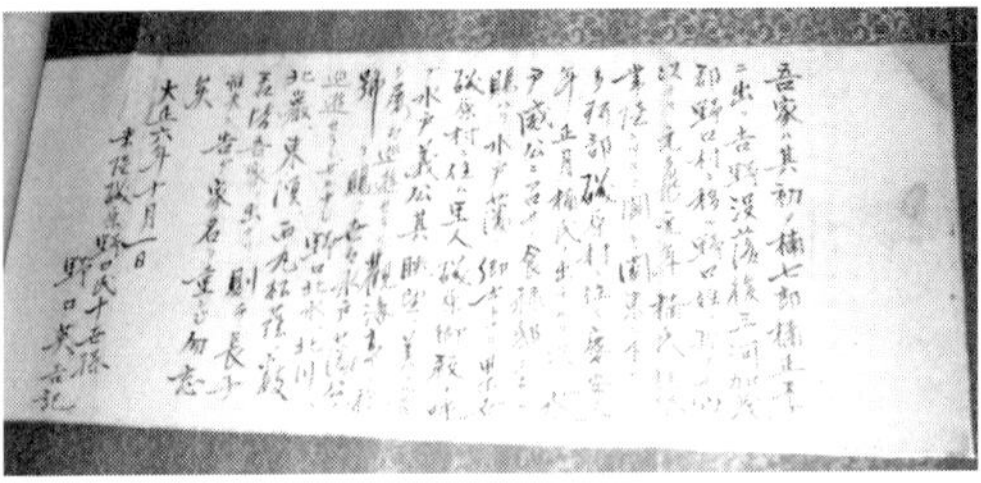

長子に宛てた雨情の遺書

不二子さんによれば、「北水という人は、篆刻が大変上手でしたので、殿様の命により、他の大名などの印鑑を数多く作ったと、聞いています」といわれた。「観海」の扁額や位牌などからして、北水の力量が充分わかるというものである。長時間にわたりお話を伺ったので、そろ〳〵辞去することにした。「資料館の方も是非見て行って下さい。」といわれるので、見学させていただいた。その中に、雨情がその長子雅夫に宛てた遺書があるのを見つけ、雨情の意外な面を知った。それによると、「吾家ハ其初メ楠七郎橘正季ニ出ズ」とあり、次いで三河国加茂郡の野口村に移って野口を姓としたこと、楠木氏の一族が常陸にあることを聞いて磯原に住するようになったこと、水戸初代威公によって郷士に取り立てられたこと、地元の人は野口家を「磯原御殿」と呼んだこと、義公がしば〳〵この地に臨まれ観海亭の号を賜わったことなどを縷々述べたあと、最後に、

野口北水、北川、北巌、東溟、西丸松陰ノ数君皆吾家ノ出ナリ。則チ長子雅夫ニ告グ家名ヲ重ンジ勿忘矣。

大正六年十月一日

常陸磯原野口氏十世孫

野口英吉記

と結ばれている。英吉は雨情の本名である。

北水については既に述べた。北川は勝章といい、雨情の祖父である。文学に通じ書画をよくしたが、幕末の困難な時代に遭遇し、一身一家を省みず国事に奔走して国に殉じた。その子が北巖即ち野口勝一である。勝一は政治に志あり、明治十四年（一八八一）、多賀郡から立候補して県会議員に当選する。三十三歳の時である。さらに同二十五年（一八九二）衆議院議員に当選し、以後国会議員として六年間活躍した。勝一は漢詩漢文にも長じ、県内各地に多くの碑文を残したことでも知られている。

また西丸帯刀は勝章の実弟で、大津港の西丸家に養子として入った人物である。勤皇の志厚く、長州の木戸孝允等と交したという「成破の盟約」は、時勢に対処しようとした帯刀等の至情を示すものであった、という。東溟は野口一族の医師野口玄朱の長男で、藤田東湖に学び、これまた尊皇攘夷運動に身を投じた。

雨情が遺書の中に書き記した人々を見ると、多士済々、世の指導的立場にあった人物が多い。雨情にも野口家伝来の「家名」を重んじる精神が脈々として流れていたのを知った。

「一旦の身命を助からんために、多年の忠烈を失ひて、降人に出づる事あるべからず」とその子正行に遺言し、弟正季と湊川で刺し違えて、「死を善道に守った」楠木正成公の遺訓も、あるいは雨情の脳裏に浮かんでいたのかも知れない。

不二子さんの名前はその雨情がつけた。「いいことは衿を正して伝えて行きたい。それは私だけのものではない。私は単にそこを通過させていただいている、そういう気持なの」と不二子さんは謙虚に語られる。野口家に伝わる貴重な史料を拝見させていただいた筆者には、自己を「通過させていただいている」存在と捉え、雨情の心を誠心誠意伝えようとする仕事に打ち込んでいる不二子さんに、野口家を流れる「無私純情」の精神を見る思いがした。名残り惜しくはあったが、野口家を辞した。眼の前には、義公の時代もそうであったであろう、太平洋の大海原が、青々と広がっていた。

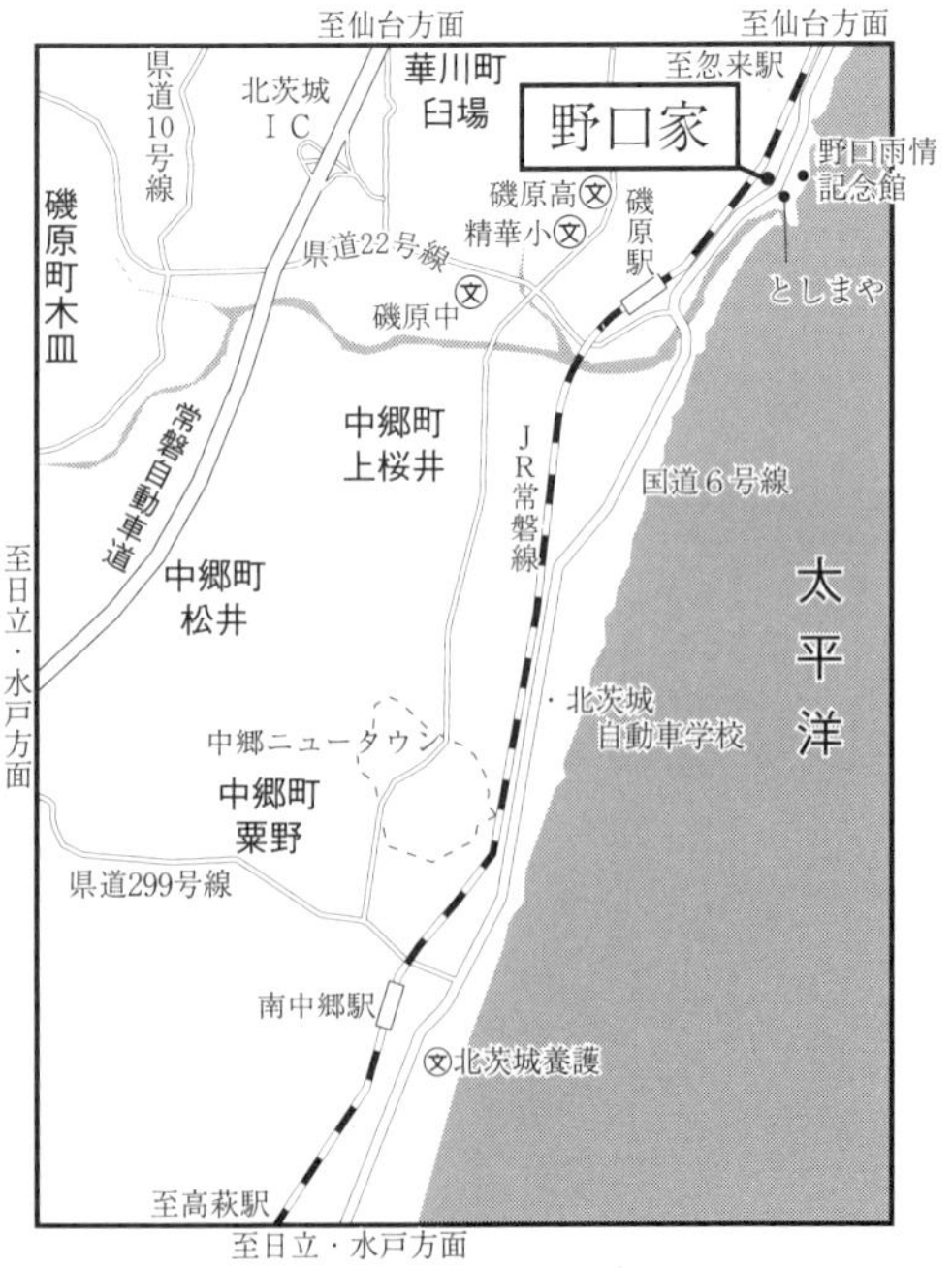

磯原野口家周辺略図

ひたちなか市

(一) 三反田百色山

JR水戸駅前から、旧六号国道を五〇〇メートルほどで水府橋を渡り、北上する。枝川で県道六十三号線へ右折すると、道路は那珂川に沿い、那珂湊方面に向うことになる。約三キロメートルほど行くと、下水道浄化センターがあり、その先で急に開けた地域にでる。そこが、ひたちなか市三反田の地である。義公ゆかりの地である那珂川べりのこのあたりを、地元の人々は「百色山《ひゃくいろやま》」と呼ぶ。その名の由来は、一説によると、元禄年間義公がこの地を拓き、国の内外はもとより外国からもさまざまな草木を取り寄せ、植物園を経営したことによるという。

『桃源遺事』(巻之一上)によると、義公は、

亦和學、漢學は勿論諸宗の佛學・神書・医書・算數・詩文・聯句・詩餘・和文・和歌・武藝等何によらす御存被遊候。又天文・地理・禽獸・艸木の名委く御覺、或ハ上古の衣服幷器物の拵やう、もろ〳〵の武器、樂器およひ賤しき器物迄もいたしかたよく御存被レ遊候。亦御細工・御繪・

現在の百色山付近（右は那珂川）

御料理等もよくあそハされ候。

とあり、和漢の学はもとより、絵や料理に至るまで、およそ知識の至らないところはなく、あらゆる分野にわたって精通し、博学であったことが記されている。特に「禽獣・草木」についてみると、『義公行實』、『玄桐筆記』など多くの文献の中には、それらについて、義公の関心の深さを伺わせる記述があり、若いころから研究心旺盛であったことが想像される。

一例をあげれば、天和二年（一六八二）八月、朝鮮からの通信使が江戸にやって来ている。この時、通信使の文書に瑕疵《かし》があり、義公はこれを正した経緯が『桃源遺事』に詳しく載せられているが、「巻之一上」を見ると、家来の今井小四郎や中村新八を通じて、学士の成琬や医官の鄭丰俊などという人物に対し、「禽獣草木弁國字等の事」を質問している。外国使節に対してもいろいろ聞こうとしているということは、その関心の並々ならぬことをしめす証左であろう。

また前掲書「巻之五」では、

西山公むかしより禽獣の類ひまでも、日本になき物をは唐より御取寄被レ成、又日本の國にても其國に有て此國になきものをは其國よりこの國へ御うつしなされ候。

（中略）

西山公常々被仰候は、禽獣艸木やうの物迄世話ニいたしふえ候様ニと存候事、全く身の爲にあらす。日本の爲を思ふ故也と仰せられ候。

とあり、天保十年（一八三九）に成立した『義公遺事』では、

義公珍禽奇獣艸木等、異國ノ物ヲ御アツメ被レ遊候ハ、少モ御慰ノタメニテハ無レ之也。第一本艸ヲ御好ミ被レ遊、御吟味ナサレ、其上一物ニテモ日本ノ産多クナリ申候ヲ御喜被レ成候ト也。

と評されている。義公の意図は、単なる自分の趣味とか関心によって「禽獣草木」を収集しているのではなく、日本のため、天下万民のためこれを役立てようとしている。即ち薬用として、あるいはより広く殖産のために研究しようとしたことが明らかである。

その一つの表れが、元禄六年（一六九三）に出版された、『救民妙薬集』であろう。御側医の鈴木宗与に命じて、妙薬三百九十七方を集め、版行して領内の人々に配布したものである。その序を読むと、これを広めようとした動機が、次のように記されている。

「田舎には医者もなく薬もなく、領民は薬さえ知らない有様である。だから本来治るべき病人も

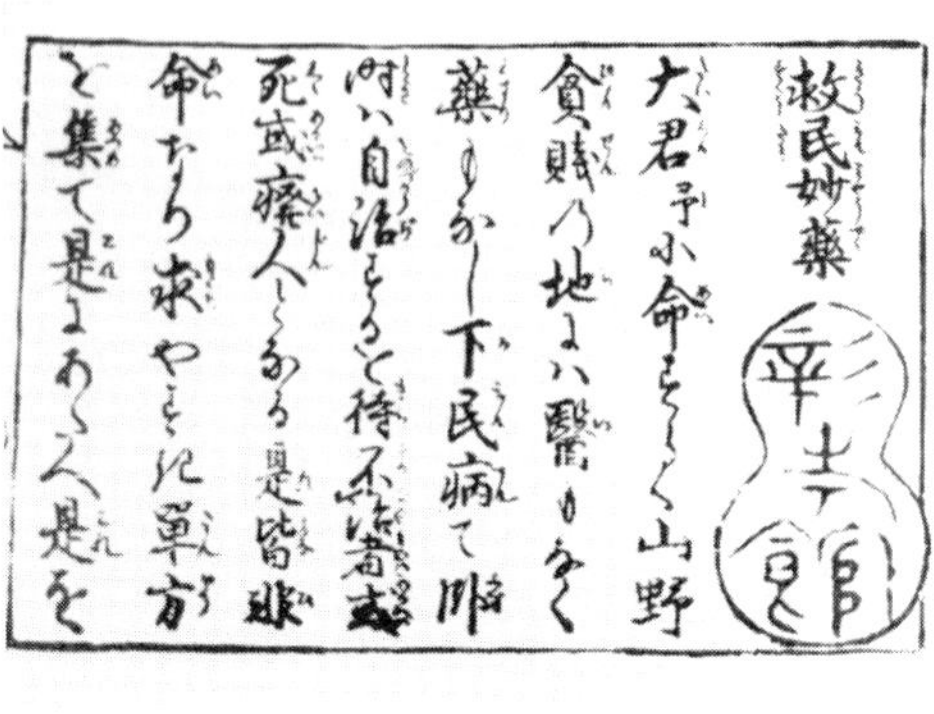

「救民妙薬」の序文

治らず、ある人は死んでしまい、あるいは片輪、あるいは廃人同様になってしまうことが多い。それはまことに不憫である。」

いかにも領民に対する義公の深い慈しみの心が示されている文章であり、水戸藩のみならず、わが国全体の福祉を増進しようと考えていたということも推測できるのではないかと思う。「百色山」に多くの植物を植えたのも、恐らくそれらの研究や殖産に資するためだと考えられる。どのような「艸木」が栽培されていたのか明らかではないが、それを推測できるものが、『桃源遺事』（巻之五）にある。

この中では「艸之類」、「木之類」、「蟲之類」、「介並魚之類」、「禽之類」、「獣之類」の六種類に分類されて、多くの動植物が載せてあり、さまざまなものが研究の対象になっていたことがわかる（介は甲羅のある動物をいう）。

まず「艸之類」を見ると、朝鮮人参、落花生、唐鬼灯（ほおずき）、唐芥子（けし）、何首烏（かしゅう）、昆布など三十二種がのせられているが、これらの植物は、気管支系統に効く薬であったり、鎮咳や下痢止めであったり、さらには染料にも応用できるものであったりと、その用途には幅広いものがある。

また「木之類」では、黒梅、菩提樹、佛手柑（ぶっしゅかん）、果李（かりん）、無花果（いちぢく）、巴旦杏（はたんきょう）、肉桂など五十八種にのぼり、これらは薬用はもちろん、建築用材となるもの、器具用材や染料、雨具用の油を採るもの、食用・鑑賞用など、多くの用途に利用できる樹木が記録されている。

この他にも、魚介類の殖産を目的として、武蔵や松前などの他藩から昆布や白魚、海参（いりこ）、蛤などを取り寄せ、常陸の海に放ったことが見え、領民の生活安定のために力を尽くした様子が伺える。これらのことから考えると、「百色山」には、「艸之類」や「木之類」が多く植えられ、栽培、研究されていたであろうことが充分推測できよう。

その「百色山」は、義公の時代を過ぎると次第に衰退して行ったものと考えられるが、天保年間、第九代藩主烈公斉昭の時代になると、桜の木が植えられ旧観を回復して行き、明治・大正になると、さらに桃や桜・梅など数百本植えられたことが、『那珂郡郷土史』に述べられている。しかし、昭和の初期になるとそれもほとんど荒廃し、見る影もなくなったようである。現在は、義公時代以後に植えられたであろう大木が数本那珂川べりにあるのみで、盛時の面影は見ることができない。

ところが、昭和三年（一九二八）八月、義公の生誕三百年祭にあたり、「百色山」の復興を思い立った人物がいた。水戸においては「井傳醤油」の銘柄で知られる、木村家の当主であった、百樹翁信惇氏である。信惇氏は、当時の吉田村古宿の私有地（現在は水戸市元吉田町）の地を選んで、水戸高等学

百樹園の入口

校教授野原茂六氏に設計を依頼し、植物学の権威として夙に知られる牧野富太郎博士に応援を求め、各種の樹木を植栽した。

子息信憲氏の編輯による『百樹翁の思ひ出』によれば、「酒戸稲荷山」の七反歩の地を選んで六十区画に分け、一区画二十五坪とし、裸子植物三科六十一種、被子植物六十一科三百二十四種、都合八百五十株を植えたという。計画では六年を要する予定であったが、三年で完成、昭和八年四月十五日に開園のはこびとなった。その園名を「百樹園」と名づけ、菊池謙二郎撰文による『百樹園記』が園内に建てられた。

昭和三年七月十一日は恰も名君義公の誕生三百周年に当れり。翁此の時を択び夫の杉林の側に植林を企て、斯道の専攻者野原茂六氏に設計を託し、遠さを厭はず近きを舎かず名木嘉樹を移植し、名つけて百樹園といふ。

義公曽て那珂江岸に一区を劃し諸種の樹木を栽植し学と用とに供し給ひぬ。世呼びて百色山といえり。星移り物換り寥寥残存す。此の挙先公の美意を紹ぎ祖伝の林丘に趣を加へ且天地生育の妙旨に副へり。

翁今年六十五家業の経営を後嗣に委ね優游自適四時多くは此の園中に徜徉す。古より高士林野を愛せり。荘子林壌の清樂、淵明樹蔭の高趣と翁その致を一にす。

文章は、義公生誕三百年を記念した「百樹園」の、開園に至るまでの経緯を記したものであるが、その中に、「古より高士林野を愛せり。荘子林壌の清樂、淵明樹蔭の高趣」という味わい深い一句がある。戦後のわが国は、開発の名の下に多くの山林を伐採し、自然環境の破壊やそれに伴う災害を招いて来た。今日において充分考えなければならない言葉だと思われる。

園は現在、総面積七千九百五十平方メートル、樹木数五千三百二十本、百八十二種に及び、樹高二、三十メートルの巨木も生茂る。中には白松《はくしょう》、菩提樹など、珍しい樹木も多数有り、学術的価値も相当高いといわれている。その後「百樹園」は、木村家より水戸市に委託され、昭和六十一年（一九八六）から都市公園として広く市民に公開されている。

『那珂郡郷土史』によれば、「百色山」は「一町二段六畝二十歩」あったとされ、換算すると約一万四千三百平方メートルあまりとなり、「百樹園」の二倍近くとなる。当時としては壮観であったろうが、今は那珂川河岸に僅かに名残りをとどめるのみである。義公経営の「百色山」を回顧しようとすれば、まず「百樹園」を訪れるべきであろう。

(二) 那珂湊夤賓閣

大洗町願入寺（本書六四頁）の高台から北方を眺めると、那珂川を挟んで指呼の間にあるのが湊公園である。湊公園もまた太平洋を望む絶景の地にあり、季節を問わず多くの人々が憩を求めてやって来る。この公園の麓には、かつては初代水戸藩主威公が沿岸警備を兼ねて建てた御殿があった。人々はこれを湊御殿と呼んだ。二代目義公は元禄年間、御殿を日和山に引き上げ、これを「夤賓閣《いんぴんかく》」と名づけたという。これを調査すべく、筆者は今年五月那珂湊に向った。

まず最初に公園を見ようと、現在の湊中央一丁目湊公園下にある市営駐車場に車を置き、日和山《ひよりやま》に登った。登れば眼下に太平洋の大海原が広がり、心地良い海風が吹いて来る。登り切った正面には、徳川圀順公の筆になる「夤賓閣の碑」が建ち、それを囲むようにして永年の風雪に耐えて来た松の古木がどっしりと重みを添えている。

案内板を見ると、この松は今から三百年前、義公が須磨・明石から取り寄せて植えたもので、公園全体では十二本残されていると書いてある。この地は、幕末水戸藩の政争による火災に遭っており、建物はすべて失なわれてしまったが、不思議と松だけは生きながらえ、今に至っているのである。貴重な文化遺産といえよう。

湊御殿の松

「夤賓閣の碑」の背面には、菊池謙二郎氏の「夤賓閣址碑文」が刻まれていた。ふだん眼にすることが少ないので、全文を揚げよう。

水戸藩初代威公は港口無名の地区に別館を建つ。世評して湊御殿といへり。当時沿海の要所に侯台を設け辺寇に備へたりしが、此館亦其の用を兼しと覚し。元禄丁丑十二月之を舘上の高地に移し、新に一閣を造り、外船遠望の便に利せり。名けて夤賓閣といふ。

堯典に寅《つつし》みて出日に接するに賓礼を以てすといふに取る。東海千里雲波水渺の際に旭日を拝す、敬虔の念自ら生じ神乎浩洋無辺の境に馳せしむ。蓋し特に夤字を選みし所以なり。舘閣の修築は三代粛公の時に属せしが、発意は義公なり。公此処を愛したまひ十二景八境を撰定し、属客を伴ひ茶を点し、優悠の間に民情を省察せられぬ。

かの鶴殺しの罪人を放逐せられしも此の庭上なりし。爾来藩主の国に就くや駕を駐するを常とし、烈公の如き数次来り宿して、俗塵を松風に掃ひ、鴻図を海天に観じたまへり。
天保甲辰四月不時の召命に接したるは恰も閣中に留まれる時なりき。参府するや忽ち幕府の厳譴に遭へり。藩末の禍根ここに胞胚し、終に元治甲子の兵乱となり、二百余年間明文の芳躅を印し、晩年佳話に富みたる殿閣も一炬に付せられ、あはれ烏有に帰せり。俯仰低徊誰か懐古の感なからむ。

昭和十三年秋季皇霊祭前一日

菊池謙二郎記

福地一郎奉仕鐫

碑文には、賓賓閣が建てられた元禄丁丑即ち元禄十年（一六九七）から、元治元年（一八六四）戦火によって焼失するまでの経緯が縷縷述べられている。文中で、寅は音が賓に通じており、ここではどちらも「つつしむ」の意である。

これを見た後、賓賓閣について地元の人達に聞き取りをして歩いてみたが、その記憶や言い伝えはほとんどなかった。たまたまお孫さんを連れて散歩に来ていた土地の古老が語ってくれたことが、唯一の情報である。

それによると、数年前の台風のおり、園内の松の大木が倒れたことがあること、地元の有志が賓賓閣の跡を確かめようと調査したことがあったことなどである。この時は古井戸が見つかったが後で埋め戻され、今は所在はわからないという。またひたちなか市の教育委員会が、元の那珂湊市役所の建物に入っているというので、そこを訪ねた。係の人に賓賓閣について何か史料があるか尋ねると、『那珂湊市史』史料編の中に、「賓賓閣」の一冊があるという。早速買い求めて開いてみると、たまたま賓賓閣の絵図の写真をみつけることができた。この絵図は現在どこにあるか係の方に聞くと、市の教育委員会が保存しているという。しかし絵図は大きなもので、横約三メートル、縦約二メートル余もあり、簡単には出せないということなので、今回見せていただくのは断念した。

賓賓閣址碑

家に帰って早速買い求めた史料を読む。湊御殿の元の位置はどこであったかが知りたいのである。それによると、一般に現在の湊中央一丁目から二丁目にかけてのあたりが、旧湊御殿のあった場所に比定している史料が多い、とある。

そこは日和山より北へかなり離れた位置にある。これに反し、この「夤賓閣」の史料によれば旧湊御殿は日和山に近い旧「御殿町」の西側あたりであるという。

そこで明治二十九年に校正再版された、湊町「白鳳堂」作成の『水戸那珂湊絵図』を見る。これによると、日和山に登る道路の北側に「ゴテン丁」、その西側に「カコ丁」とあり、もう一つの「カコ丁」が現在の湊中央一丁目から二丁目あたりに記されている。また『湊村古記録』には、

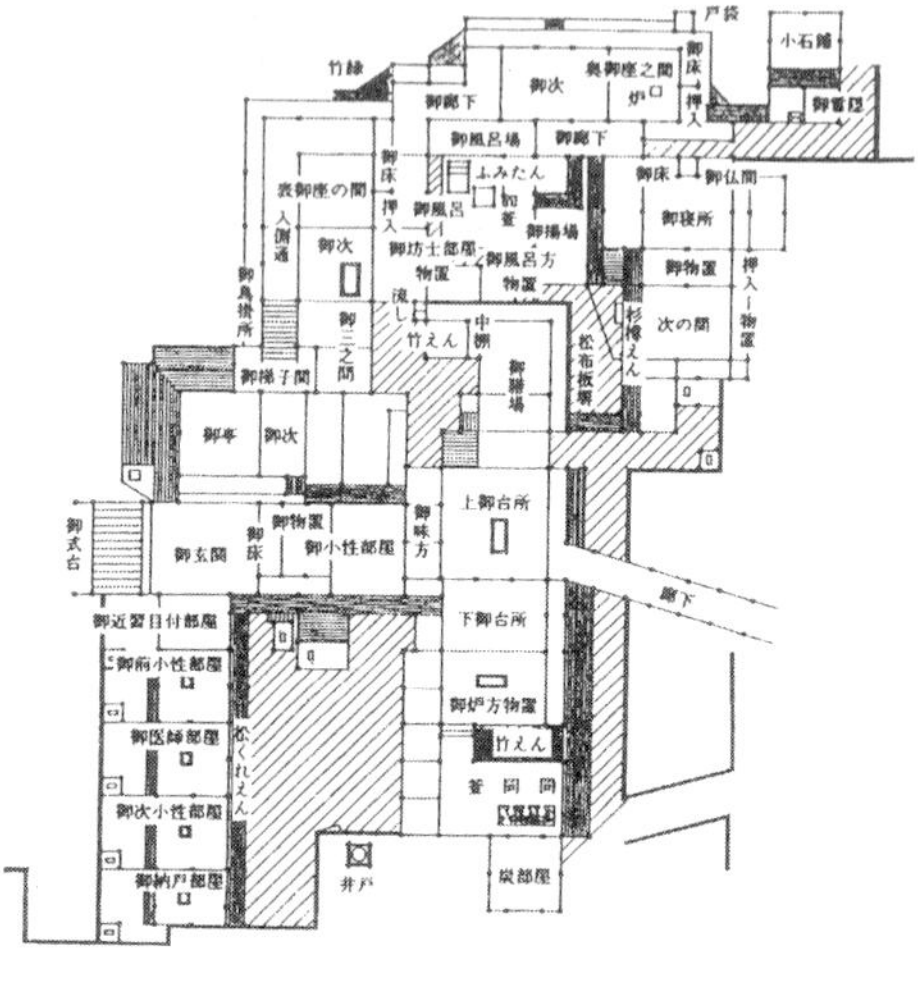

御殿平面図（那珂湊市史資料編による）

元禄十二年卯年四月御殿古屋敷御水主弐拾人ニ被下候。

とあるとあり、さらに『西山遺事俚老雑話』「湊御殿之事」の記事には、

是より以前は御殿町之西側に御殿有りしを元禄十年十二月二十六日今の地へ被レ為レ引候。高慮ニて御地祭有レ之。同十一年御殿普請御成就、夤賓閣と改させ給ひしと見へたり。

とあるから、旧湊御殿は「ゴテン丁」西側の「カコ丁」にあったに相違なく、空き屋敷が新たに水主《かこ》

二十人に与えられたのであろう。御殿が新たに建てられた日和山自体は傾斜地であるから、建物自体も段をなしていたらしく、建坪も数百坪もある大きなものであったという。御殿の平面図は四〇頁のようである。

ところで移転の時期はいつ頃であったろうか。『水戸義公書簡集』の中に次の一通があるので、一応想像はできよう。

今度於湊日和山安鎮之祭首尾好相濟、珍重存候。今朝は早々入來、欣慰多々、雖不腆小鴨五聊表祝詞斗候。頓首

十二月廿七日　光圀

田所齋宮殿

先の『西山遺事俚老雑話』の記事と合わせて考えると、この手紙は元禄十年（一六九七）十二月二十七日付であり、吉田神社の神官田所氏に対し、前日二十六日に地鎮祭を無事終えたことへの謝礼の意をあらわしたものであろう。翌元禄十一年（一六九八）工事が完了したので、義公は新しい御殿に「賁賓閣」と名付けた。「賁賓閣」の名の由来は、碑文にもあるように、『書経』（堯典）中の、シナ古代の帝堯の政治を述べた次の文章から採ったものである。

乃ち義和《ぎか》に欽《つつし》んで昊天《こうてん》に若《したが》って日月星辰を歴象し、敬んで民の時を授《かぞ》えんことを命ず。分けて義仲《ぎちゅう》に嵎夷《ぐうい》に宅《お》るを命じて曰く、「暘谷《ようこく》に出日を賁賓し、東作を平秩《べんちつ》せよ。」（以下略）

内容は、堯が義氏と和氏に、天地の運行にのっとり、春夏秋冬農耕を正しく行えるよう民に教えることを命じたものである。そのうち義仲に対しては、暘谷から出る日をつつしみみちびいて、春の耕作を準備立て春分の日を正すよう命じた。そうすれば人民は、農耕に励むことが出来る、としたのである。暘谷というのは太陽が登る谷という意味で、義公にとって日和山付近はまさにそのようなイメージの地であった。日毎地平のかなたから上る太陽、その太陽が育くむこの天地自然の運行に造化の神秘性を感得して、限りない畏敬の念を抱いたことから、建物に「賁賓閣」と名づけたのであろう。

また碑文の中に「鶴殺し」の一件に触れているが、これは義公の為政者としての態度、ひいては人間観を知ることができるので、取りあげてみよう。この事件は『義公遺事』にあるが、『桃源遺事』や『水戸紀年』にも詳細に記されており、義公の仁政を示す出来事として見逃すことは出来ない。

『桃源遺事』（巻之四）では次のように記されている。

西山公那珂湊賁賓閣（賁賓閣は亭の名なり）へ御入り被レ遊候節、かの鶴殺しを御手自御せいはい有へきよし、御目付五百城茂太夫嘉忠に仰付られ候二付、茂太夫承て是を下知仕り、彼罪人を御庭へ引出し、土壇を拵せ、生けさのしかけに仕候。

西山公御出被レ遊、御刀をぬかせられ、彼鶴殺しかそはへ御立寄、にくきやつ哉、鶴を殺したるがよきか是がよきかと仰候て、四五度御刀を渠が肩にあてなされ、つと御刀を振上られ候間、あハや最期と人みな守り罷在候処に、ふと御見かへり、中村新八顧言に仰候は、斯までハしけれと、此者を殺して候迚、鶴も生返り申まし、禽獣故に人を殺し候事、道にあらす候まゝ、たすけ可レ申やと仰ける。新八を始、相詰候御近習のもの一同に感し奉り、口々に難レ有覚し召の由申上候得は、さらばゆるす迚、死刑を御なだめ、御追放被二仰付一候。

事のおこりは、天神林に住む長作という百姓が、西山荘で飼っている丹頂鶴を殺してしまったことにある。この鶴は義公に良くなつき、出御の時などは遠くにいてもすぐ見つけて飛んでくるほどであった。義公も珍重し、大変可愛がっていた。その鶴を殺したとなれば、極刑はまぬがれない。しかも当時は、「生類憐みの令」がしばしば出されていた五代将軍綱吉の治世である。長作は賁賓閣の庭においてお手打になるはずであった。それが『桃源遺事』から引用した場面である。

義公は五百城茂太夫に命じ、長作を庭へ引き出させた。肩に四五回刀をあて、引上げてまさに刀を振り下ろそうとする。居合わせる家来達があわや最期と思った瞬間、中村新八を呼んで静かに義公はいった。「ここまではしてみたが、この者を斬ったとて鶴が生き返る訳でもない。生き物を殺したという理由で民を殺すのは良い政治とはいえない。許したいがどう思うか」。そこで新八が答えていう。「有難いことでございます」。「では刑を中止する」と義公はいって、長作は許されたのである。その上、「このような者は、食物もなければまた悪事を働くとも限らない」「落ちつくまで」といって、飯米や路銭まで与えて追放したのであった。

義公の考えは、人一人極刑にするということは大変なことである。まして動物を殺したなどという理由で死罪にするようなことがあってはならない、というにある。

同じ『桃源遺事』（巻之四）の中にある「生類憐みの令」に関する記事がこのことを裏付けていよう。

江戸にて御登城の時分、御三家御列座の、西山公阿部豊後守御老中也へ御對し、御物語被レ遊候ハ、上にて生類を御憐ミあそはさるゝ事ハ、人を御あはれミの餘りをもつて、生類までに御およほしの事と存候。しかしなから、過有時ハ人すら御仕置に仰付られ候。いかにいはんや生類の咎あるをは御殺し被レ成ましくとや。尤とかなき者をは生類たりともみたりに殺し申ましき事に候。これに依て、手前の屋敷へいたつら犬参り、悪事をいたし候をは申付、殺させ候と御咄あそはされ候よし。

時期は明確ではないが、江戸城にて御三家着座の席で、老中阿部豊後守に対し、義公は諭すことがあったのである。「生類を憐むことは良いことである。しかし行きすぎると弊害がおこり、人民が苦しむことになる。現にそれはおこっている。わが水戸藩では、人に危害を加えるような犬は殺させております。」と反省を促した。

阿部豊後守とは、忍城主阿部正武のことで、天和元年（一六八一）に老中となり、綱吉の信任すこぶる厚かった人物である。「生類憐みの令」は貞享二年（一六八五）に出され、貞享四年（一六八七）以降極端となり、死罪になる者まで出ている。そのような幕政に対し、義公が黙認するはずはない。当然のことながら、政治の中枢にある老中に対し、猛省をせまったのである。

『義公・列公書簡集』の中の伊達宗斉宛て書簡を見ると、この時の義公の態度が見えてくる。ある書簡には、

　江戸中女子おとり沢山御座候。一両度も見物申候。皆玉こ計にてふわ〱ニも成申ニハ無二御座一候。下宦事忍〱ニ在郷へ参、鳥ヲねらひ申候。公義《（ママ）》へしれ申候ハハ鳥盗人之張本人、籠者之第一と笑敷存候。

とある。なんと密かに江戸郊外に出かけては、鳥を撃っていたのである。義公は「生類憐みの令」に対して挑戦的ともいえる態度をとり、当時のうわついた風潮に対しても批判的であったことが、この書簡から知られよう。その上、同志を募って「千寿会」とし、この悪法を阻止すべくいろいろと動いた形跡がある。そのなかには小城藩主鍋島元武をはじめ、桑名藩主松平定重、明石藩主本多政明などの大名や、大久保彦左衛門などの旗本もいたようである。

　しかしながら、「犬公方」と仇名され、異常なほど生類保護に走る綱吉が、義公の忠告に耳を傾けることはなかった。義公にとってこの忠告は、決して生易しいものではなかったはずである。むしろにがにがしい思い出として心に残ったのではないだろうか。長作を助命したことは、恐らくこのことと無関係ではない。

　義公にとって藩政は、領民のためのものであり、生きとし生ける物、それぞれの分に従って尊重されなければならない。そうして政治とは仁の一字に帰すべきもの、領民をいつくしみみちびいて行く

べきものと、考えていたのであろう。

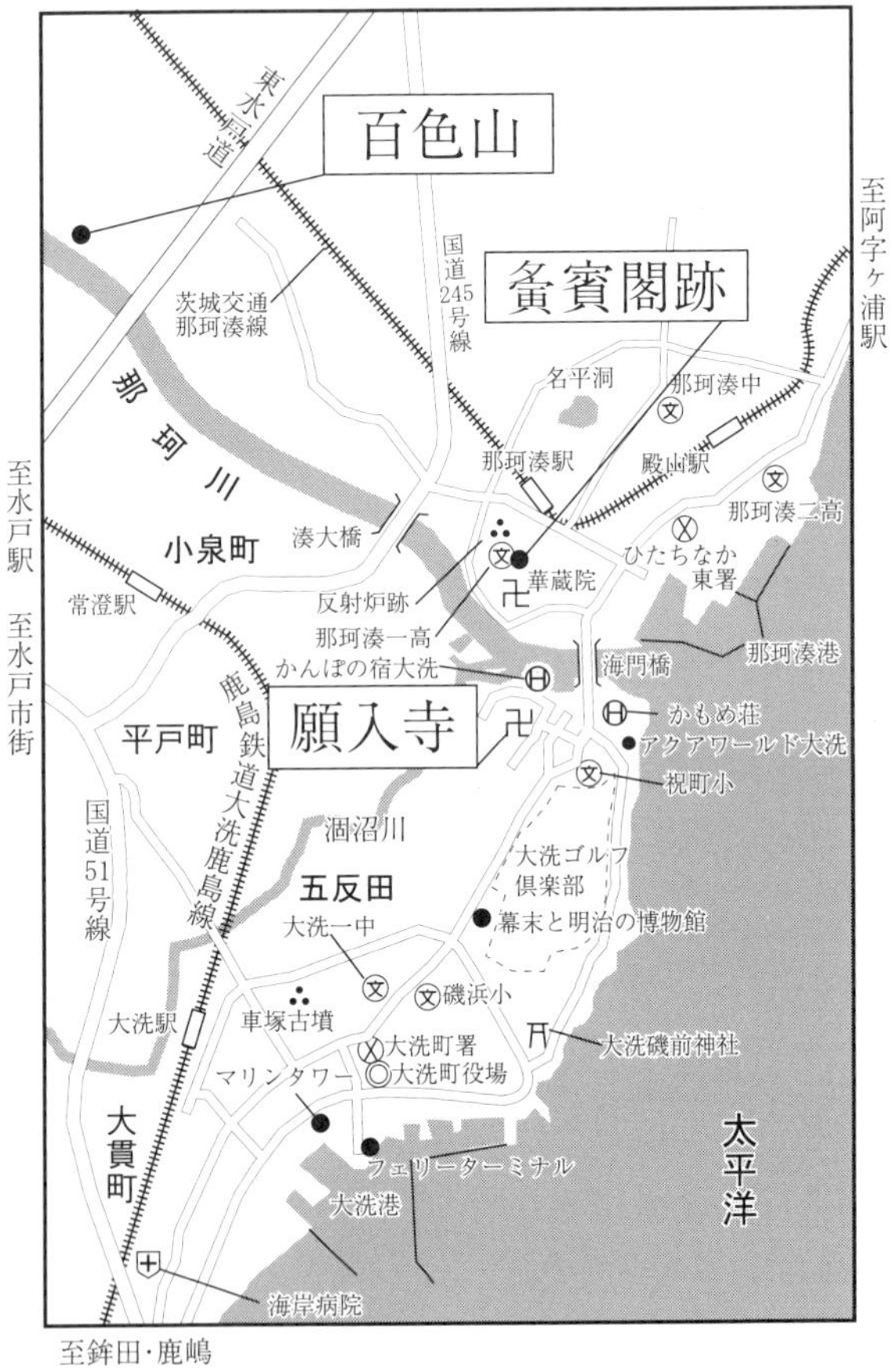

大洗願入寺周辺略図

那珂市

(一)　向山浄鑑院

弓野氏『義公史蹟行脚』の中の「瓜連村」の一節には、「浄鑑院《じょうがんいん》懐古」という一文がある。かつて義公が立てた浄鑑院という寺について記したものである。寺域は現在の那珂市向山《むこうやま》、市立第二中学校周辺で、筆者の出生地にも近く、随分前から気になっていたところである。

「浄鑑院懐古」の中で、古文書によるとして、弓野氏は次の文を書き残された。

義公兼テ浄鑑院武田公源威公御菩提ノタメノ伽藍御建立ノ御志願被レ為レ在、備前町心光寺ノ境内地狭キ故、貞享四年丁卯三月、向山御草創、心越禪師地所見立ト申傳フ。

境内坪數四萬五千餘坪也大門通り北は額田領内ノ内十間当り山地結界なり其後追々増加、元文三年改坪二八六万四千坪余。元禄二年迄に過半伽藍成就。

傳ニハ当山七堂伽藍心越禪師ノ指南也ト云。備前町心光寺ヲ引移シ御再興也。佛殿ノ本尊ハ聖徳太子ノ御作ナリ心光寺本尊御移シ也。御普請奉行ハ土屋又兵衛、吟味役入江小平、御目付濱島傳衛門等也。

(中略)

入口吉水《よしみず》ヨリ黒門迄百三十二間半、黒門ヨリ橋迄九十六間三尺、橋ヨリ唐門マテ三十一間一尺、唐門ヨリ山門マテ五十間三尺五寸、山門ヨリ御佛殿マテ三十一間、御佛殿ヨリ法堂十二間、逆《(ママ)》幅八間ナリ。（引用文の送り仮名は筆者、以下同じ）

文中にもあるように、浄鑑院は義公の父威公の兄にあたり、徳川家康の第五子、武田信吉の法号のことである。信吉が武田姓を名乗ったのには、理由がある。家康が本能寺の変を聞いて泉州堺より帰国する途中、家康に従っていた甲斐武田氏の一族穴山梅雪《あなやまばいせつ》は、京都の宇治田原の地で不慮の死をとげてしまった。これを不憫に思った家康は、後嗣のなかった梅雪のあとを信吉に継がせ、武田姓を復活したのである。

のち、水戸十五万石に封ぜられた武田信吉ではあったが、慶長八年（一六〇三）九月不幸にして二十一歳の若さで亡くなってしまう。その火葬の地に建てられたのが、常照山浄鑑院という寺であり、威公はあとでこれを心光寺と改称している。

義公が記した「浄鑑院英譽崇巌武田君墓誌」（『常山文集補遺』所収）には、

葬ル二于那珂郡瓜連邑常福教寺ノ側一ニ、延宝五丁己十一月四日改二葬ス于久慈郡太田郷瑞龍山一ニ

とあるから、墓は後に改葬され、現在は、瑞龍山の水戸徳川家墓所にある。

やがて義公は、伯父浄鑑院と父威公の供養の為、伽藍の建立を考えるようになった。心光寺の境内がいかにも狭かったのと、父への追悼の気持ちが強かったためであろう。貞享四年（一六八七）、心《しん》

越《えつ》禅師に相談をして、向山の地に本格的な伽藍建築に取りかかり、一年余の歳月ののち、元禄二年（一六八九）大部分の建物が完成するに至る。そこで水戸から心光寺を引移し、常照山浄鑑院という旧名に復している。

浄鑑院の住職については、瓜連常福寺の清譽林昨との間に約束があったが、開山以前に清譽和尚は亡くなってしまったので、改めて江戸深川の吉光院の住職であった、本譽原水を招聘しようとした。しかしこれもまた突然亡くなったので、浄欣寺の益譽融心に開堂の儀式を依頼し、清譽和尚を開基として開山の運びとなったのである。

『常山文集補遺』をみると、元禄八年（一六九五）、義公は益譽和尚のために、空也上人筆と思われる掛物を寄進している。

寄ス二浄鑑院益譽和尚一

空公筆跡彌陀ノ名号。質ス二諸ヲ増上寺二十三代尊譽上人并二畠山牛菴一。光圀偶得レ之ヲ。寄ス二附ト浄鑑院現住益譽和尚一云ウ。

元禄乙亥之年

また向山から谷一つへだてた所、額田地区には、引接寺《いんじょうじ》という寺が現在もある。この寺も浄鑑院と前後して開かれたことが、同じ『常山文集補遺』から知ることができよう。

寄ス二額田村引接寺一

常州那珂郡額田村有《リ》廃寺。経《シ》之《ヲ》営《ス》之《ヲ》。不《ナラ》日落成《シ》。扁《シテ》號《ス》引接寺《ト》。
元禄九年十月二十日。請《ジテ》益譽和尚《ヲ》開堂《ヲ》。永《ク》汲《マシメントス》浄鑑之末流《ヲ》。予適《タマ》得《タリ》阿弥陀如来
古像一軀《ヲ》荘厳潤色《シテ》安《ンズト》于正《ニ》佛殿中央《ニ》云《ウ》。

源光圀識

この文からすると、廃寺を浄土宗寺院に改め益誉上人を開基として今引接寺を開いたのは、先に開山した浄鑑院の末寺的存在として、これを補強させようということを考えてのことであろうか。だとすると、義公の思慮は極めて深いとしなければならない。

さて、浄鑑院の寺域が当初四万五千坪であったとすると、メートル法に換算すれば、約十四万平方メートル弱となる。単純に考えるとほぼ四百メートル四方の敷地面積となり、これだけの伽藍が全く痕跡を留めないということはあり得ない。何か手がかりはないか、それを探すことにしたが、幸にも平成十七年（二〇〇五）四月二十九日、その機会が訪れた。那珂市郷土資料館の仲田昭一館長の案内で、同好の人達と市内史跡めぐりを実施した際、浄鑑院跡地に立つことが出来たのである。この時の印象は、平地林と畑地が混在する那珂台地特有の景観の中で、かつての七堂伽藍を彷彿とさせるものは全くない、ということであった。

翌五月の連休中、何とか手がかりを得たいと思い、那珂二中周辺を歩いてみた。付近には民家が数軒あるが、そのうちの一軒は大録、近くに久米という姓があることがわかった。この時、畑の中に十

メートル四方の基壇のようなものがあることに気づき、そこへ行ってみた。中には、僧侶の墓石と思われるものが三つ四つ、大小崩れかかった一般人の墓石を集めた形跡のあるものが、西の隅にまとまって置かれていた。とりあえず買ったばかりのデジタルカメラに収めた。

筆者の様子を見ていた大録家のお婆さんがいたので、その墓について尋ねてみた。すると、「あの墓は、このあたりにあった寺の、そっちこっちにあった石を集めて来た無縁様だよ。」という返事である。誰の墓か念のため聞いた。誰のものかはわからないが、「このあたりの者は、最近まで無縁様が気の毒で、お盆にはお参りに行ったんだよ。今はお参りする人は少くなっちまったけどね。」というのが、大録さんの言であった。

言われてみると、墓には何本かの塔婆が立ち、誰かが墓参を欠かさずにしている様子が伺えた。もう少し詳しく知りたいと考え、このあたりの歴史を知っている人がいるかどうか尋ねてみると、近くの久米さんという区長さんが詳しいという。久米さんに聴くのは次回にすることとして、この日の調査は終えた。

浄鑑院跡地遠望

次の休日、三度目の向山地区を訪ね、那珂二中の周囲をさらに詳しく見ていると、畑で仕事をしている二人の男の人に出合った。早速話かけてみる。すると偶然にも二人とも久米さんといい、そのうちの一人が区長の久米忠雄さんであった。区長の久米さんに、浄鑑院についてあれこれと質問をする。すると、東の方に見える平地林の中が、かつての浄鑑院の建物があった場所であるという。「今はほとんど何も残っていないが、山の中には、瓦のかけらが出て来る場所があるんですよ。」ともいわれる。しかし今は「篠竹などに覆われて、近付くことは難しいでしょう」、とのことであった。また墓地については、やはり山中にあったものを集めて、一か所にまとめたものだそうである。周辺一帯は某氏の所有であったが、今は手放すところとなったので、その時代に土地の管理をまかされていた中庭さんに聞けば、何かわかるかも知れないともいう。

次の休みを利用して、筆者は再度ここを訪れ、今までの情報を総合して、伽藍の配置や寺域の大きさなどを想像しながら歩いてみた。しかし平地林の中は人の手が入っておらず、雑木などが生い繁っていて、歩くのも一苦労であった。しかもこの周辺の低湿地には、蝮《まむし》の巣が多いと聞いていたので、うっかり入って行くことも出来ない。ウォーキングをしている人達からは、「蛇に気をつけた方がいいですよ。」などと注意されることもあり、おっかなびっくりの探査であった。

この調査をもとに、次は横堀地区にある中庭家を訪れた。八月の中旬のことである。久米区長さんに教えられたことを告げ、浄鑑院のことについて聴き取りを行った。朝電話をしての訪問であったが、当主の中庭正一氏は快く調査に協力して下さった。話の内容は、大変参考になったので、記しておこう。
①畑の中にある墓地については、集めて一か所にまとめたもので、山林の中にはまだある。また無縁仏ということもあって、瓜連の常福寺にお願いし、毎年欠かさず供養をしている。
②那珂二中の通学路の南側には、かつて馬場があったとされている。またその馬場に沿って茶園畑と呼ばれる土地があり、昔は茶を栽培していた。
③那珂二中東側の畑の中から、暖炉用の木灰と思われるものが出土したことがある。
④山門が建っていたと思われる南側あたりに、井戸があったという記憶がある。
⑤寺の池の跡と思われる窪地が、今も残っている。
⑥山林の中に、寺の瓦と思われる大量の瓦が出てくる地点がある。
⑦寺の跡といわれた広い地域は、かつて芝を植えたような雰囲気の、広く美しい広場になっていたが、今はそのような景観は全く失なわれてしまった。

筆者はこれらの話とさまざまな資料をもとに、地図を参考にして浄鑑院の伽藍配置を推定してみた。現在の県道、額田・田彦線が江戸期の棚倉街道とほぼ同じとして考えると、吉水という古い地名が那珂二中通学路の入口右側にあることから、通学路は浄鑑院の参道に含まれていると考えられる。弓野氏の『義公史蹟行脚』の文章を信用すると、入口の吉水から百三十間半のところに黒門が位置していた。その黒門の先九十六間三尺のところに橋がかかり、橋から三十一間一尺で唐門に達する。すると、

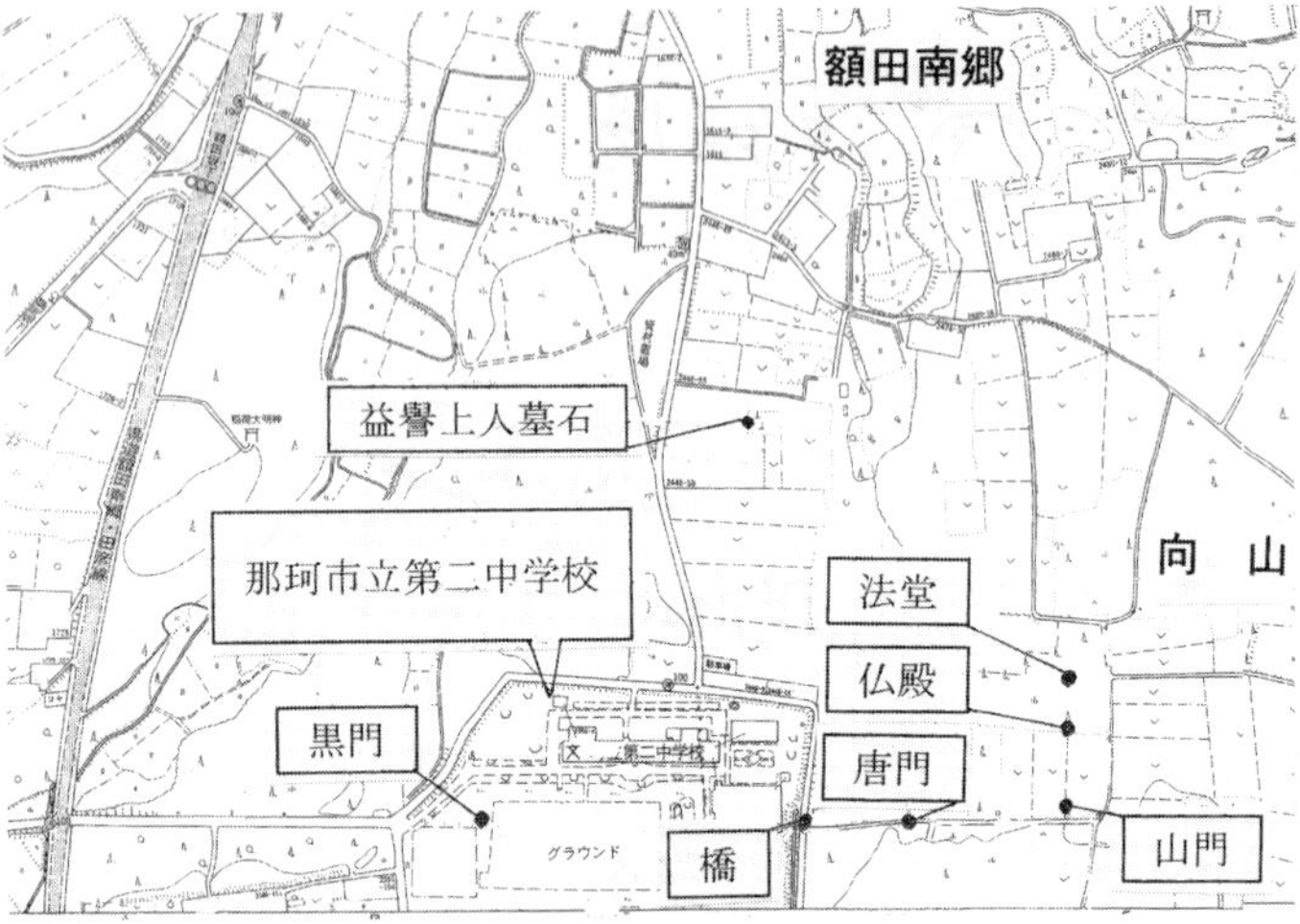

浄鑑院伽藍配置推定図

黒門は入口から約二百四十メートル行ったあたり、二中の校庭内、今のテニスコートの東縁あたりと推定できようか。また現況からではあるが、橋は低地にかかっていたと考えられ、二中の東の外れ、黒門推定位置から九十六間余、約百七十メートル地点に清水が流れる場所があるから、橋はこのあたりの可能性が大である。近くにある大きな窪地から考えるとこの周囲は池であった可能性がある。

この橋からさらに東へ六十メートルほどのところに、山門が南向きに建ち、山門から直角に北へ六十メートルほどに仏殿、その先には法堂などが配置されていたのであろう。現在の地番では、二千四百五十一番地あたりが、七堂伽藍の中枢であったと考えるのが適当と思われる。そしてその東北方向に方丈が位置し、後になると、小方丈も建てられたようである。義公に招聘された益譽上人は、この方丈で全山を統轄したのである。

その益譽上人に関してであるが、デジタルカメラに収めておいた画面を、後で大きくプリントして驚いた。何と、かすかに「益譽上人」と読めるのである。あたかも、自分はここに居るぞ、と語りかけているように思えた。墓石の一つは疑いもなく、益譽上人の墓石なのである。

筆者はこの発見を通して、「無縁様」として先祖代々これを供養し続けて来た地元の方々の暖かい心遣いに、深い感慨と感謝の念を持ったと同時に、歴史を伝えるという作業というものが、どれほど多くの人々の敬虔な祈りによって支えられて来たのであろうかと、思いを新たにさせられた。

益譽上人墓石

(二) 額田鈴木家書院

那珂郡那珂町額田(現那珂市額田)の地は、水戸市と常陸太田市の中継点に位置し、江戸時代には、水戸からの上町街道と下町街道が、ここで合流していた。久慈川を渡ると福島県棚倉町に至る、いわゆる「棚倉道」の要衝である。加藤寛斎の著した『常陸国北郡里程間数記』は、「棚倉道」の村々間の距離が記録されており、県北方面の研究には欠かすことができない史料であるが、このなかに額田村も記述されている。

現在の額田十文字付近は、江戸期に比べると人家が密集しているが、道路の状況は、今も昔もほとんど変化していないことが見て取れる。額田十文字には、「御制札」と書かれた図があり、水戸藩に五十四ケ所あった制札場の一つであることがわかる。そこから西に少し入ったところに、「ス、木一十郎」と書かれた家が描かれており、さらに額田宿は、「百二十間」あったことも読み取れる。この「ス、木一十郎」と記された家が、これから述べる鈴木家のことである。

鈴木家は、元禄時代、しばしば義公の宿泊所として利用されたばかりでなく、それ以後も水戸藩主が瑞龍山墓参の折、「御休所」として立寄るのが常であった。現在も、義公御成りの時宿泊所とされた書院が残されており、元禄年間の貴重な建築物として、昭和四十七年（一九七二）、県の文化財に指定されている。建物は南向きで、建坪は最初桁行五間、梁間三間であったらしいが、その後西側面と北面に庇を付けたので、少し広くなっているという。

同様の建物には水府村高性地の木梨家住宅がある。昨年、土地の古老から、木梨家の建物は天下野の會澤家から引いて来たもので、もと義公の宿泊所であったという話を耳にしたので、調べてみた。今回あらためて鈴木家書院と比べてみると、二つの建物は同一の造りといって良い。特に長押は、同

鈴木家書院

じ材料を用いているといって良いほどであった。形こそ違え、どちらも釘隠しの金具をほどこし、面皮付きの木材を使用している。漆らしきものを塗ってやや光沢はあるものの、全体に自然の風趣を重んじているところに、特徴があるといえよう。また双方とも、南向き八畳二間の部屋があり、北側は納戸となっている。木梨家住宅は、改造のあとがあるが、鈴木家書院はほとんど原状を保っているといって良い。

その鈴木家書院で目に付くのは、なんといっても、床の間にしつらえられている、流水紋の板欄間であろう。流水は久慈川の流れを彫り込んでいる、と現当主の鈴木とし子さんはいう。永年の風雪に耐えて黒色を呈し、一幅の水墨画を見ている感がある。これほど味わいのある欄間も、そうはなかろうと思われる。筆者の家も取り潰したおり、欄間と板戸は取り外して保存しているが、このようなものは部分的に欠け易く、完全なものは少ないのではないかと思われる。また、この鈴木家書院は家屋全体に保存状態が良く、余程大切に守られて来たという印象が強い建物である。

さらに、庭に目をやると、東南の隅に古い庭園の一部が残され、石組やモチの古木がある。モチの木は二本あり、樹令三百年以上と書いた案内表示がつけられてあって、那珂市の天然記念物に指定されている。

ここで、義公と鈴木家のかかわりについて述べてみよう。『日乗上人日記』などの記録を見ると、元禄二年（一六八九）から義公薨去の年元禄十三年（一七〇〇）の十年余の間に、少なくとも十数回ここを訪れていると考えられる。

鈴木家書院の欄間

元禄二年十一月二十六日に「額田村お成」とあり、鈴木家に宿泊し、同六年（一六九三）には四、五回程訪れた形跡がある。

元禄十一年（一六九八）九月六日は、江戸一帯に火事があり、南鍋町（今の銀座四丁目・五丁目あたり）

から出火した火災は四方に延焼、日本橋、神田から千住方面まで焼き尽くした。町家一万八千戸、三百二十六町に被害が及んだという。徳川将軍家の菩提寺である寛永寺などは、本坊、仁王門、厳有院廟までも焼失した。

この知らせは、直ちに額田まで出た義公にも伝えられた。『日乗上人日記』九月八日の条に、「江戸大火の為、ぬかだに逗留」とあるのがそれである。『桃源遺事』（巻之四）には、

草履をば、つねに踏そろへるやうに心かくべし。平常せぬ事ハ、いそかしき時いてぬもの也。何その時、人あはてたると見へしとそ仰ける。

と義公が語ったことが記されている。意味は、「草履をぬぐ時は、きちんとそろえてぬぐように、平生から心がけるべきである。普段出来ないことは、いざとなると、慌てゝしまって出来ないものだ。」ということである。非常時の心構えということを見事なまでに貫いていた義公の生活の一端を知ることができるが、この時も恐らく、不測の事態に備えていたものと思われる。

また『西山遺事俚老雑話』には、「額田村鈴木氏市十郎萬妃之事」という記事があり、それには次の事が書いてある。

義公様西山へ入御之後ハ、弥以府下御往還之御度ひこと、入御被レ爲レ在し由、御治世時にや、御隠居の御時にや、まん妃といへる婦人を市十郎が妻に被レ下、是ハ諸士へ嫁し候より、市十郎が妻となりなば、生涯を樂クに終へなん迚、被二下置一し由。

義公が「まん妃」という娘を鈴木市十郎に嫁がせたのは、何かと苦労の多い武士の家よりも、商いなどで富裕であった鈴木家の方が、将来ゆったりと暮らせるであろうという配慮によるというのである。義公は、「まん妃」を「ほまち娘」と呼んで可愛がったので、人々はこれを実子（落胤）であろうと、うわさをしたらしい。

『水戸史学』「第五十二号」中の仲田昭一氏論文『列公斉昭の就藩と額田鈴木家』によれば、「まん妃」の生まれたのは延宝二年（一六七四）で、十四歳の時「おまり」と改名し、宝暦十年（一七六〇）八月三日八十三歳で歿したとある。

貞享四年（一六八七）市十郎に嫁いで三年後、元禄二年十八歳の時に女子を出産し、「おくま」と名づけた。「おくま」は九歳で城に御奉公に上る。元禄五年（一六九二）には次女が生まれ、義公が親しく膝の上に抱いて、「市太郎」と名づけたといわれている。先に述べた元禄二年からに元禄十二、三年にかけての鈴木家への「御成り」は、あるいはこれらのことと関連があるのかも知れない。

現当主から、鈴木家墓地には万妃の墓があると聞いたので、額田下町にある、親鸞上人の直弟ゆかりの阿弥陀寺に向った。山門をくぐり、左に折れて一番奥まったところが鈴木家墓地である。その一画に、万妃のものと云い伝えられる古い墓がある。一見して普通の墓ではないことがわかる。

瑞龍山にある水戸徳川家の墓地は、儒式にのっとっており、亀の胴体に竜の首を乗せた「螭首亀《ちしゅき》趺《ふ》」という形をしている。万妃のものと云い伝えられる墓には、「螭首」にあたる部分こそ無いが、「亀趺」の変形ではないかと思わせるものがある。しかし、歿年などについては、墓石からは確かめることは出来なかった。

後日、再び鈴木家を訪れた。特に御当主にお願いし、位牌入れを拝見させていただくことが出来た。一枚一枚黒ずんだ小牌を取り出して、次の一枚を見い出した。

宝暦十庚辰年　西山公ヨリ ミト万妃 西照院釋尼正意阿惟越致位 八月三日

まさしくこれは、万妃の位牌である。阿弥陀寺にある墓石や、戒名などから考えると、万妃はやはり水戸徳川家ゆかりの人であったろう。位牌入れの中には、万妃と前後して舅と姑のものも収められていた。舅は、

中興祖万妃舅宝永七庚寅年、釋浄法、六月十七日

とあり、姑は、

享保元申年　万妃ノ姑　浄法ノ室　釋尼妙念位　七月十二

阿弥陀寺鈴木家墓地にある万妃墓

日、天神林産

とある。万妃はこの二人に仕えて、どのような生涯を送ったのであろうか、興味は尽きない。

『常山文集拾遺』には、元禄十二年（一六九九）十一月十六日作られたと思われる七言詩がある。題は「旅亭夜雨」とあり、「在額田村」と付け加えられているから、恐らく、鈴木家書院での作と思われる。

茅店風寒冬雨聲
挑燈酌酒向深更
遶檐滴點扣塵慮
瀉下夜來郷里情

茅店《ぼうてん》風寒く冬雨の聲
燈を挑《かか》げ酒を酌み深更に向う
檐《ひさし》を遶《めぐ》る點滴塵慮《じんりょ》を扣《たた》き
瀉ぎ下る夜来郷里の情

大意は、

田舎の家に宿をとると、外は雨風で寒い夜が更けて行く。燈火のもとで独り静かに酒を酌んでいて、ふと気が付いた。檐から落ちる雨音がしきりに聞こえて来る。

故郷は、何としみじみとした時を刻んでいることであろう。

というようなことであろうか。

唐の李白の詩に、有名な「子夜呉歌」がある。

長安一片の月、萬戸《ばんこ》衣を擣《う》つの聲
秋風吹いて盡きず、總て是れ玉關の情
何れの日か胡虜《こりょ》を平げ、良人遠征を罷めん

都を遠くへだてて、玉門關外に出征している夫の帰らんことを思う妻の哀情を詠んだものである。この詩で、「玉關の情」は前の三句を受けているが、義公の七言詩の「郷里の情」も前の三句を受けているのであろう。

酒を酌みながら、この時、義公は何を考えていたのであろうか。恙無く生きる、万妃や市太郎の行く末のことであったのだろうか。あるいは自らの来し方を振り返りつつ、これからの史書編纂のことであったのだろうか。満足のいく生であったと、秘かに思っていたのかも知れない。

額田鈴木家周辺略図

東茨城郡大洗町

大洗願入寺と如晴上人

茨城県を代表する民謡「磯節」の中に「水戸を離れて東へ三里波の花散る大洗」という一節がある。水戸から約十二キロメートルほど東にある大洗海岸は、太平洋を一望できる勝景の地であり、年間を通じて全国から観光客が絶えることはない。かつては水戸駅前から「水浜電車」が走り、夏ともなると、多くの海水浴客で混雑したものであった。現在はこの電車は廃線となり、代って近年開通した鹿島臨海鉄道線が、通勤、通学客を運ぶ。また大洗港が整備されたことによって、本県と北海道を結ぶフェリーの起点となり、街は新たな賑いをみせている。その大洗の高台の地に「原始真宗大本山願入寺」はある。

弓野氏の『義公史蹟行脚』にも願入寺は取りあげられており、それによれば、義公が建てた大伽藍は、元治・甲子の戦で灰燼に帰し、氏が訪れた昭和三年（一九二八）には、仮本堂が建つのみであったとある。

願入寺山門

その願入寺について調査するため、国道五十一号線を東行したのは、平成十四年（二〇〇二）四月二十日のことである。ＪＲ水戸駅から約十キロメートルほど行くと涸沼川にかかる涸沼橋を渡る。橋を渡ってすぐの信号を左折し、東光台方面に向う。明治維新の大業を記念するため、田中光顕伯爵によって建てられた常陽明治記念館（現幕末と明治の博物館）を右手に見ながら左折し、少し行ったところが、願入寺のある祝町地区である。祝町小学校の先五十メートルほどのところに、「願入寺資料館・かんぽの宿大洗」の看板がたち、そこを左折すると「親鸞上人・水戸黄門聖跡大本山願入寺」の大きな看板が目に付く。山門はそこを直進したところにある。

『義公史蹟行脚』には、この山門について、願入寺第二十四世如弘上人の夫人が名古屋の出身であったので、その縁により、尾張徳川家菩提寺であった建中寺という寺の山門を移した、とある。なるほど、彩色を施した彫刻などがある格式ある山門で、県内にはこのような立派なものは、ほとんど見られない。山門を入れば右に大梵鐘と開基堂資料館、正面奥に本堂、その左側に受付所のある夕照殿が建つ。

『仏教タイムス』昭和五十四年（一九七九）五月十五日号をみると、日本随一の梵鐘再建事業が推進中と報じられている。もとの梵鐘は「頭部の龍頭が四龍、重量三千三百貫（八トン）、高さ三メートル、口径二・一メートル、南北朝の頃の舶来品で国宝級の名鐘」とあり、相当貴重なものであったらしいが、幕末に失なわれた。現在の梵鐘はそれを復元したもので、左面には、

無导光《むげこう》の御山の鐘の聲のうちにやがてあけゆく十方の闇。

という義公の和歌が刻まれている。案内板を見ると、京都方広寺に次いで、わが国五番目の大きさとある。

まず本堂に参拝し、夕照殿寺務所受付に来訪の目的を告げて、案内をお願いした。若いお坊さんが出て来られ、現願入寺第二十七世大綱義明管長に取り次いで下さった。客間で待つと、間もなく管長が出て来られ、寺の由来などについていろいろと教えて下さった。以下管長のお話の要旨を記す。

寺の由来は今を去る七百三十年ほど前、弘安二年（一二七九）、浄土真宗の開祖親鸞上人の嫡孫であった如信上人が、関東以北の布教の為、奥州白河郡大網村（現福島県東白川郡古殿町）に草

庵を営んだことに始まる。

その子孫は各地を点々としたが、第十五世如高上人は義公と親交があり、法統の衰微に心を痛めた義公は、如高上人の娘を養女とし、城中に迎えて鶴姫とした。鶴姫が成長すると、京都東本願寺第十四世琢如上人の二男瑛兼という人物を迎え入れて、願入寺第十六世とし、鶴姫に配した。これが即ち如晴上人である。

延宝二年（一六七四）には、当時久米にあった願入寺を現在の岩船に移し、大伽藍を造営したという。

「資料館にはその時の義公寄進状があるので、それを見ていかれたら良いでしょう」と親切にいわれる。話のついでにと思い、なぜこの岩船が寺域として選ばれたのか尋ねてみた。すると管長は、この地は水戸城の出城の形をなしていて、軍事上重要な地点にあたる。そのこともあって、義公はこの地を選んだのではないか、といわれる。また、「当時の関東や東北の信者の中には、遠く京都まで参拝に行ったまま帰らない者が多くあった。義公はいかにも不憫に思い、京都の本願寺と同じ格式を持つ寺をこの地に置くことで、信者の便に供したのでしょう」ともいわれた。那珂湊は仙台などとも海路で直結しており、水戸の外港としても重要な港であったから、願入寺のあるこの地は、理想的な立地条件になったのであろう、と納得がいった。当時の寺域は、五万三千坪を有していたといわれたが、如何に壮大であったか知られよう。

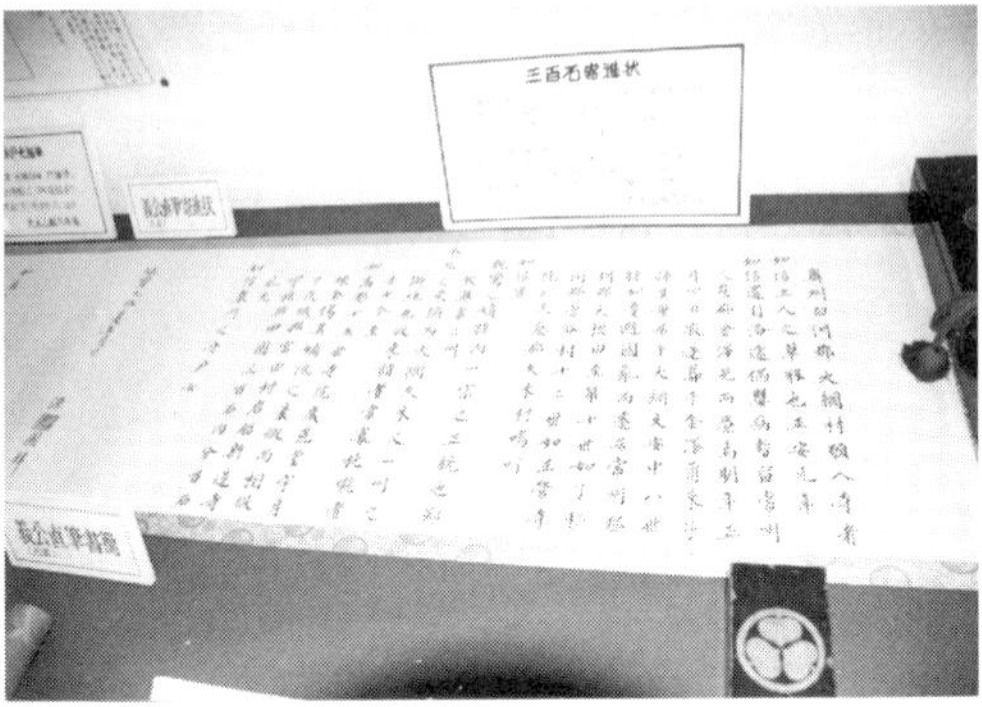

義公寄進状

一通り話を伺うことができたのでお礼を述べ、次に開基堂資料館を案内していただくことにした。若いお坊さんに従って資料館に入ると、正面に如信上人像が安置されている。元禄十二年（一六九九）義公の寄進によるものである。まず礼拝をした後、ガラスケースに納められている義公寄進状を見せていただき、写真を撮る。漢文で書かれ、大意は管長の説明の通りであるが、これを読み下し文にすれば、次のようになろうか。

　奥州白河郡大網村願入寺は如信上人の草剏《そうそう》なり。正安元年如信洛より還る。偶々病に嬰《かか》り暫く常州久慈郡金澤邑に留りて療す。明年正月遂に寂し金澤に葬る。爾来子孫奕葉《えきよう》大網に居る。文安中八世の孫如慶国乱を避け居を常州那珂郡大根田に還す。第十世如了に至り同郡菅谷村に移り、十二世如正寺院を久慈郡久米村に営む。

　嗚呼如信實に親鸞上人の嫡孫にして一宗の正統なり。然れども奥常二州は本邦の東偏にして大網久米は又一州の僻地なり。故に来り詣づる者は常に寡く施嚫する者亦少し。

今如高に至り都て十五世、寺院歳に荒れ堂月に壊る。余その嫡流の衰微を傷み、茨城郡宮田村巖船を相攸《そうしゅう》し、新たに寺宇を造り、田園三百石を施與す。内百石を分ちて永く如信墓所の守戸に充つと云う。

延賓乙卯夏五月　日

源光国拝

如信大上人　獅子座下

この寄進状中「嗚呼如信實に親鸞上人の嫡孫にして一宗の正統なり」というところに、正統の身でありながら零落し、世間から忘却されている者への、限りない同情の念が込められていよう。延寶乙卯は延寶三年（一六七五）、義公四十七歳の時のことであるから、まだ「光圀」とは署名していない。

ケースの中には、この他に、義公寄進の文机、硯箱なども展示され、文机には、

寄贈文臺一座、硯匣《けんこう》一足

願入寺之慧明院御房

元禄辛未之年　　梅里

の刻銘がある。元禄四年（一六九一）の寄贈である。

また別のケースには、『魚山遺響』と題した詩歌集が展示されている。享保元年（一七一六）、義公薨去十七回忌を期し、安積澹泊、森儼塾らによって編集されたもので、相当大部なものである。すべ

願入寺裏に建つ「魚山遺響」碑

て見ることは難しいので、序文の書き下しを撮らせていただき、案内を謝して外に出た。

本堂裏にあるという石碑を捜してみると、まず大銀杏が目につき、その下に義公の七言詩を刻んだ石碑がある。「磐船山に花を看る」という詩であった。

山寺芳櫻射我眸
玉幡瓔珞飾巌船
有花此地即華蔵
九品蓮臺何遠求

山寺の芳櫻我が眸《ひとみ》を射
玉幡瓔珞《ぎょくはんようらく》巌船を飾る
花有り此地即ち華蔵
九品《くほん》の蓮臺《れんだい》何ぞ遠きに求めん

元禄八年（一六九五）正月、江戸より帰山したあと、三月二十九日に訪れて詠んだものである。身辺にさまざまな出来事があった後だけに、この年の願入寺の桜は特にまばゆく、義公にとっては浄土にいるかのように美しく思われたのであろう。

この石碑から北に歩くと二つの石碑を見る。「者楽亭《しゃらくてい》跡」の碑と『魚山遺響』の序文を刻んだ二碑である。後者の方は巨大なもので、高さ二メートル余、横幅は五メートルはあろうか、安積澹泊の「磐船山源義公法會詩歌巻序」全文が刻まれている。原文は漢文である。序文には、那珂川と涸沼川の合流するあたり、崖下に満々と水をたたえた深淵や、岩を砕く波濤の響、砂浜に生い立つ松林の美しさなど、周辺の情景が述べられ、願入寺を領民の心の拠り所としようとした義公の意図に言及する。

そして、その願入寺を担うべき「大力量の人」として招聘されたのが如晴上人で、上人は義公の宿願を察知した。互に往来するごとに、義公は漢詩、上人は和歌を以て応酬するところがあったが、お側近くに仕えてその様子を見聞きした澹泊は、二人の交流に感嘆措くあたわざるものがあったと記す。

しかし、義公が薨去すると、如晴上人の悲しみは一通りではなく、忌日ごとに文雅の士を呼んで詩歌の会を開くのが常であった。この間、詩歌の数も段々増えたので、享保元年（一七一六）、上人は澹泊に依頼し、一軸にまとめたとある。義公にとって如晴上人は吾子同然、上人に寄せる厚い期待と、それに応えようとする上人の精進、実の親子にも優る親愛の情が、序文の行間から伝わって来る。

これらのことは、『義公書簡集』に収められている、願入寺宛書簡の数の多さからも知られよう。数えてみると、如晴上人宛四十五通、同夫人宛四十三通の多きにのぼり、数の多さは、そのまま義公と願入寺の親密な関係を物語っている。この中には、開基堂資料館に展示されている、次の一通もある。

去十八日於京都諸事首尾好御得度相濟候段、昨晩以鈴木卜元被仰聞、扨々珍重成事於其元御満足察入候、彌繁栄事、千秋萬歳目出度申納候、如願望、浄土眞宗第二祖如信上人尊像、能時分出来申候間、爲持遣申候、當年報恩講者天気好御執行可被成存候。

恐惶頓首

西山散位

光圀

十一月廿五日

恵明院主

猊座下

（以下略）

元禄十三年（一七〇〇）十一月二十五日付と考えられるこの書簡は、如晴上人の嫡子良丸が、京都において、僧侶としての第一歩である得度の儀式を無事終えたことに対する、祝いの手紙であろう。良丸は親鸞上人の直系であり、将来この寺を嗣ぐべき立場にある。しかし本願寺系の他の寺院は、親鸞の弟子の末流にもかかわらず高位に登っているのに、直系の願入寺は、僧正の位にもなっていない。『大洗町史』によれば、元禄十一年（一六九八）二月十日噫慶という東本願寺僧が西山荘を訪れた際、三重の専修寺や京都の仏光寺が僧正位を与えられているのに、願入寺が僧正位にないのは納得しかねる。良丸を得度させ、将来僧正位に昇進させたい。それが多年抱いて来た「宿望」であると義公が述べた、とある。正統が正統としての処遇を受けていないのはあるべき姿ではなく、本末顚倒というべきではないのか。義公の不満はこの一点にあった。

『日乗上人日記』を見ると元禄十一年二月十六日、如晴上人が上京の挨拶に西山荘を訪れ、同二月二十一日から二十三日にかけ、今度は義公が願入寺に出かけたことが記され、二十六日には如晴上人が上京している。この問題について、本願寺と折衝するところがあったに違いない。

ところが元禄十三年四月になると、折衝相手であった東本願寺門主一如上人が突然亡くなり、若い真如上人が門主となった。すると意外にも話が急転回をし、十一月中良丸が上京する運びとなり、十一月十八日、首尾よく得度の儀式を挙げることが出来たのである。しかも東本願寺御連枝格の得度であったから、これ以後、願入寺は浄土真宗の間で高い格式を保つことになる。

資料館に展示されているこの義公書簡は、「多年」の「宿望」を果たした「千秋萬歳目出度」きことを、心から悦んで書き送ったものなのである。義公薨去の僅か十日前であった。こうしてみれば、義公を亡くすことは、如晴上人と夫人にとっては、親を失ったも同然の、悲しい出来事であったに違いない。『魚山遺響』の中に収められている次の二人の歌は、それを有力に物語っていよう。

雪に対し昔を憶ふ

いにしへのひかりはいつく白雪の積れる老いも誰にかたらむ　（如晴上人）
おもひ出る月は入りにし山の端の松もかたみの雪のふること　（同　夫人）

東茨城郡城里町

(一) 古内清音寺と大忠和尚

水戸市渡里町から国道百二十三号線を常北町方面に向い、五キロメートルほど行くと、登り坂にさしかかる。近くには宝幡院という古刹があり、義公ゆかりの寺としても知られている。そこから間もなくして石塚（現城里町石塚）の市街地に入り、常陽銀行石塚支店の角を左に折れる。途中に県立常北高校、さらに延喜式内社青山神社を右に見て進み、町立古内小学校から笠間市方面に少し行ったところが、城里町下古内の地である。このあたりは多くの茶畑があり、「古内茶」として県内外に知られている茶所である。古内の集落は、現在でも落ちついた雰囲気の中にあり、古き良き時代の農村を見る思いがする。

かつて臨済宗中峰派の独立本山であった清音寺は、そのような雰囲気の中にある。鬱蒼とした森に囲まれ、山門から杉の巨木が立ち並ぶ参道を歩いて行くと、山あいに忽然として小空間が姿を現わす。その中に本堂や宝物館があり、本堂の前に少しの茶畑がある。この茶畑の古木は、古内周辺の茶の原木といわれ、かつて清音寺を訪れた義公は、ここにあった古木に「初音」と名づけたといい伝えられている。
筆者が清音寺を訪れた時、たまたま庭に若い禅僧が見えたので、「俗世間から離れているような、静かなところですね」と挨拶したところ、「寺は世間と繋がっていなくてはだめです」と、言下に厳しい言葉が返って来た。「なるほどその通りですね」と思わず相槌を打ったが、見事に一本取られた格好で、いかにも禅寺に来たという感じがした。

清音寺山門

『桃蹊雑話』（巻之六）には、

義公古内村へ御成。清音寺境内にて御鉄炮を以て鳥を打落し玉ふ。住僧出てこれは御朱印地にて候ふ。公より賜はりし土地に非ず。御殺生無用なりと申上る。公聞召し、是は吾過ちなり。ゆるし候らへ。さて此境内の外は皆我領内なり。自分土地へは一寸も足ぶみ無用なりと仰せければ、住持大きに恐入左右の御近臣に就て御侘申上げやう〱御免ありしとなり。

という逸話が載せてある。清音寺境内で鳥を打ち落した義公を見咎め、「この土地は幕府よりの御朱印地、公より戴いたものではありませんぞ、殺生はいけません」と住持がいったところ、「いかにもその通り、悪かった」と義公は謝った。しかし続けて「境内の外は自分の領地、一歩も出ることまかりならん」と義公にいわれては、流石の住持も返す言葉もなく、お付きの家来に取りなしを頼んで事無きを得たという。真偽のほどはともかく、禅寺ならではの面白い話である。その若い禅僧にお寺を訪れた理由を話したところ、「前住職の方が詳しいので、上って聞いていったらいいでしょう」と親切にいわれる。そのまま言葉に甘えて妻と客間に案内され、前御住職に初対面の挨拶をした。

前住職は栗原宗活師といわれ、筆者らを案内してくれたのは、現住職でその御子息の清柏師であった。たま〳〵妻も一緒であったので、宗活師夫人のいれて下さった自家製の美味しいお茶をご馳走になりながら、寺の来歴を聞くことができた。

父子共に、東京金地院で修業され、宗活師の代に入山されたという。今の寺域は六町歩ほどであるが、かつては六十町歩ほどもあり、寺格も相当高いものであったという。

後で『江戸幕府寺院本末帳集成』によって調べてみると、

常州水戸之内古内村清音寺

寺領百五十石　中峯派

御朱印有之

方丈、佛殿、山門、開山塔、
照堂、一切経堂、鐘楼。
　塔頭幷寮者
福壽寺、獅子院、月光庵、陽栄軒、
陽林軒、石翠軒、龍賓軒、養福軒、
香影軒、栖碧軒、向陽軒、養壽軒、
　末寺
安禅寺、天正院、保福院、安養院、
梅林院、但令何寺領無之。

とあり、江戸期の水戸藩領内で百五十石の寺領となれば、大洗願入寺三百石に次ぐ規模である。塔頭や末寺の数からいっても、当時の繁栄のほどが知られよう。

また古内茶の由来については、興国五年（一三四四）、佐竹氏第十代義篤公に招かれ、清音寺を開山した復庵宗己禅師が、杭州天目山で十二年間の修業を終えて帰国した時、茶の実を持ち帰った。それが代々受け継がれながらこのあたりに広まり、現在に至ったものであろうといわれる。京都栂尾の高山寺と宇治茶の関係もそうであろうが、日本人の喫茶の習慣と寺院との関係を、あらためて認識させられた。

清音寺本堂と茶畑

さらに義公との関係について伺ってみた。義公は鎌倉瑞泉寺の大忠和尚と親交があり、第四十三世徹伝和尚のあと、大忠和尚は清音寺に入山することになるが、この頃、円覚寺派から、寺格が上の南禅寺派に変更になったらしい。義公はしばしば清音寺を訪れ、大忠和尚との交流を深め、漢詩などのやりとりをしたという。この頃が清音寺の全盛であったろうか。先に述べた堂宇が甍を並べ、所狭しとこの空間をうずめていたはずである。しかし当時の面影はすでになく、法堂にあったとされる釈迦三尊像は明治期に静岡県方廣寺に移され、立派な山門やそこにあった仏像はアメリカに渡ったという。

今井雅晴氏著『アメリカに渡った仏教美術』によれば、山門は明治三十七年（一九〇四）、日露戦争のまっ最中に開催されていた、セントルイス万国博覧会の日本館会場を飾り、後にフィラデルフィア・フェアモント公園に移築されたが、昭和三十年（一九五五）五月焼失したとある。また山門上にあった仏像は、現在もフィラデルフィア美術館にあり、この仏像は、平成十五年（二〇〇三）八月、東京国立博物館で開催された「建長寺展」に百年ぶりに里帰りし、展示された。

話のあとで現住職に案内され、宝物館を見せていただいた。寺に残る古文書類や近くから出土したという土器類があり、中央には、開山大光禅師の尊像が安置されていた。清柏師の話によれば、モデルは前住職宗活師ということである。

境内にある大忠和尚墓

次に宝物館裏の三基の宝篋印塔も案内していただいた。これらは復庵禅師、佐竹貞義公、佐竹義篤公のもので、『太古山清音寺略由来記』には絵入りで紹介されているのが参考になる。その左手には苔むした墓石があるが、その一つが大忠和尚の墓であると清柏師が教えてくださった。今回案内していただいて初めて知ることができた。思わず合掌し、義公との交流を思った。しばらくの後、案内を謝して、清音寺をあとにした。

さて、義公がこの寺を訪れたのは、何時のことであったろうか。『常山文集』（巻之一）を見ると、「太古山清音禅寺に遊ぶ」という五言詩が載せられている。

我偶訪招提　　我偶《たまた》ま招提を訪う
入門漸亭午　　門に入りて漸く亭午《ていご》
松杉夾路傍　　松杉路傍を夾み
煙霞鎖梵宇　　煙霞梵宇《ぼんう》を鎖《とざ》す
掲流有清音　　流を掲げて清音あり
指山似太古　　山を指せば太古に似たり
復庵開洪基　　復庵洪基を開き
法雲降慈雨　　法雲慈雨を降す
境寂馴孤猿　　境寂として孤猿馴《な》れ
木密衆禽乳　　木密にして衆禽を乳《やしな》う
邂逅磊苴僧　　邂逅磊苴《かいこうらいじゅう》の僧
値遇方便父　　値遇《ちぐう》方便の父

暗聞縣河論
豁得披霧観
七盌喫龍茶
一喝轟雷鼓
異端質大顚
締交扣韓愈
人生半日閒
亡慮忘八苦

暗《ひそか》に聞す懸河《けんか》の論
豁《ひろ》く霧を披いて観《み》るを得
七盌《わん》の龍茶を喫す
一喝雷鼓を轟《とどろか》す
異端大顚《だいてん》に質《ただ》し
締交韓愈を扣《たた》く
人生半日閒
亡慮八苦を忘る

清音寺を訪れてみればそこは太古のたたずまい、古林に囲まれ、かつて復庵大光禅師が開いた由緒ある寺である。そのような中で詩作に没頭すれば、世間のわずらわしさから離れ、禅の境地に達する心地がする。詩人義公の至福の時であろう。

この詩は、前後の詩の位置から考えると、元禄三年（一六九〇）五月、清音寺を訪れた時のものと考えられる。訪問にあたり、義公の相手をした住持は誰であったのだろうか。『西山過去帳』をみると、「元禄三年五月二十八日」「霊松示寂」とあるから、あるいは第四十二世霊松禅師であったかも知れない。

そうだとすると、大忠和尚との邂逅はいつの頃であったろうか。『義公全集』の中には、大忠和尚との関係を伺わせるものが多く収められている。そのうち『常山文集拾遺』の中の、元禄元年（一六八八）に詠まれた七言詩が最も古いものであろう。「戯錦屏山瑞泉寺大忠和尚」という詩がそれで、この頃、大忠和尚は鎌倉瑞泉寺の住持であったのであろう。

春花秋葉美兼全　　春花秋葉美全てを兼ね
山似錦屛囲四擔　　山は錦屛に似て四擔《したん》を囲む
洌彼瑞泉無盡流　　洌たり彼の瑞泉無盡の流
西来法水永東漸　　西来の法水永く東漸す

詩からは、瑞泉寺の春秋を通じた美しさが伝わって来るが、かつてこの寺は「紅葉が谷」と呼ばれていた。開山は夢窓疎石、創建は嘉暦二年（一三二七）で、足利基氏が瑞泉寺とした。江戸時代になると、文人墨客の遊ぶところとなり、境内には徳富蘇峰筆の「吉田松陰先生留跡碑」などもあるという。

大忠和尚が清音寺に入山するのは、元禄元年以降ということになる。再び『西山過去帳』をみると、第四十三世徹伝和尚は、元禄五年（一六九二）十一月二十二日に示寂しているから、大忠和尚の入山はそれ以降のことになろう。『日乗上人日記』元禄六年（一六九三）六月二十一日の条には「石づか御出のよし」とあり、『往復書案』にも「清音寺入院に御成」とあるというから、この「入院」は大忠和尚であり、入山は六月下旬であったろう。かつて正宗寺に雷啓和尚が入山した時も、義公はそれに合わせて「出御」しているので、此度もそれに倣ったものと思われる。

鎌倉にあってさえ交流の深い間柄である。入山以後は、正宗寺雷啓和尚ともども、交流はいよいよ深まったことであろう。その一例として、元禄七年（一六九四）の大忠・雷啓和尚の義公訪問がある。春二月、義公は将軍綱吉の命によって上京し、綱吉の前で『大学』を講じたことがあった。この時、大忠和尚は正宗寺の雷啓和尚と共に、江戸の水戸藩邸にわざわざ義公を訪ねていたことが『常山文集拾遺』から証せられる。それは五言詩に付けられた詞書で、次のように書かれている。

> 元禄甲戌之仲春、予欽命を蒙り武江に寓す。閏五月啓西堂忠両堂来たりて旅舎を訪う。歓び迎え、手を執りて青を垂れ旧を話す。未だ幾くならずして山に送る。下官小律一章を賦し、両西堂に寄す。兼て覚室月堂に簡すと云う。

「歓び迎え、手を執りて青を垂れ旧を話す」とあるように、大忠和尚が訪ねて来る時の義公の喜びは一入である。義公はとかく大忠和尚の人柄に対して、敬意を込めて接していることがわかる。

翌元禄八年（一六九五）正月、義公は江戸から上総方面を廻って西山荘に帰って来る。するとこの年の秋には早速清音寺を訪れ、大忠和尚に見《まみ》えていることが、『日乗上人日記』九月二十八日の条に見えている。『常山文集』（巻之十二）にある「過清音寺賦遊山寺得僧字」という七言詩がこの時詠まれたものであろう。

閒適逍遥打葛藤
同参方外淡交朋
敲推悟入詩三昧
文字別傳沙門僧

閒適《かんてき》逍遥葛藤《かっとう》を打つ
同参す方外淡交の朋
敲推悟入詩三昧
文字別に傳う沙門の僧

葛藤は雑念であり、それを払いながら山門をくぐる。この寺には心を許した朋がいる。その朋は常に詩句の鍛錬を怠らず、道は心を以て悟るべしという、禅の奥義を身につけている僧である、という意味であろう。大忠和尚の入山以来、両者の交流は一方ならぬものとなっていったと推測される。

ある時、寺の本尊が傷んでいることに気付いた義公は、この貴重な仏像の修理を行った。今は静岡県方廣寺の本尊となっている、釈迦如来像である。その背面には次の銘文が刻まれていると、『水戸市史』「中巻㈠」にある。

常州茨城郡古内村太古山清音禅寺
本尊釈迦如来脇侍阿難迦葉年旧廃
対額　光圀慨之　元禄之歳　命加修後以捨
現住梵演和尚
源光圀

銘文中の「元禄之歳」がいつであったかは詳にしないが、「梵演」とは大忠和尚のことであり、『西山過去帳』元禄十一年（一六九八）正月二十日に「梵演示寂」とあるから、それ以前であることは間違いなかろう。『義公元禄九年書案』をみると、この年だけで八通も大忠和尚にあてており、両者の漢詩や書簡のやり取りから受ける印象は「君子の交り淡き事水の如し」の感がある。物事に執着しない禅僧大忠和尚の気象と、「物に滞らず、事に著せず」という、『梅里先生碑陰并銘』に書かれた義公の心情とは、互に共鳴し合うこと多かったように思われる。

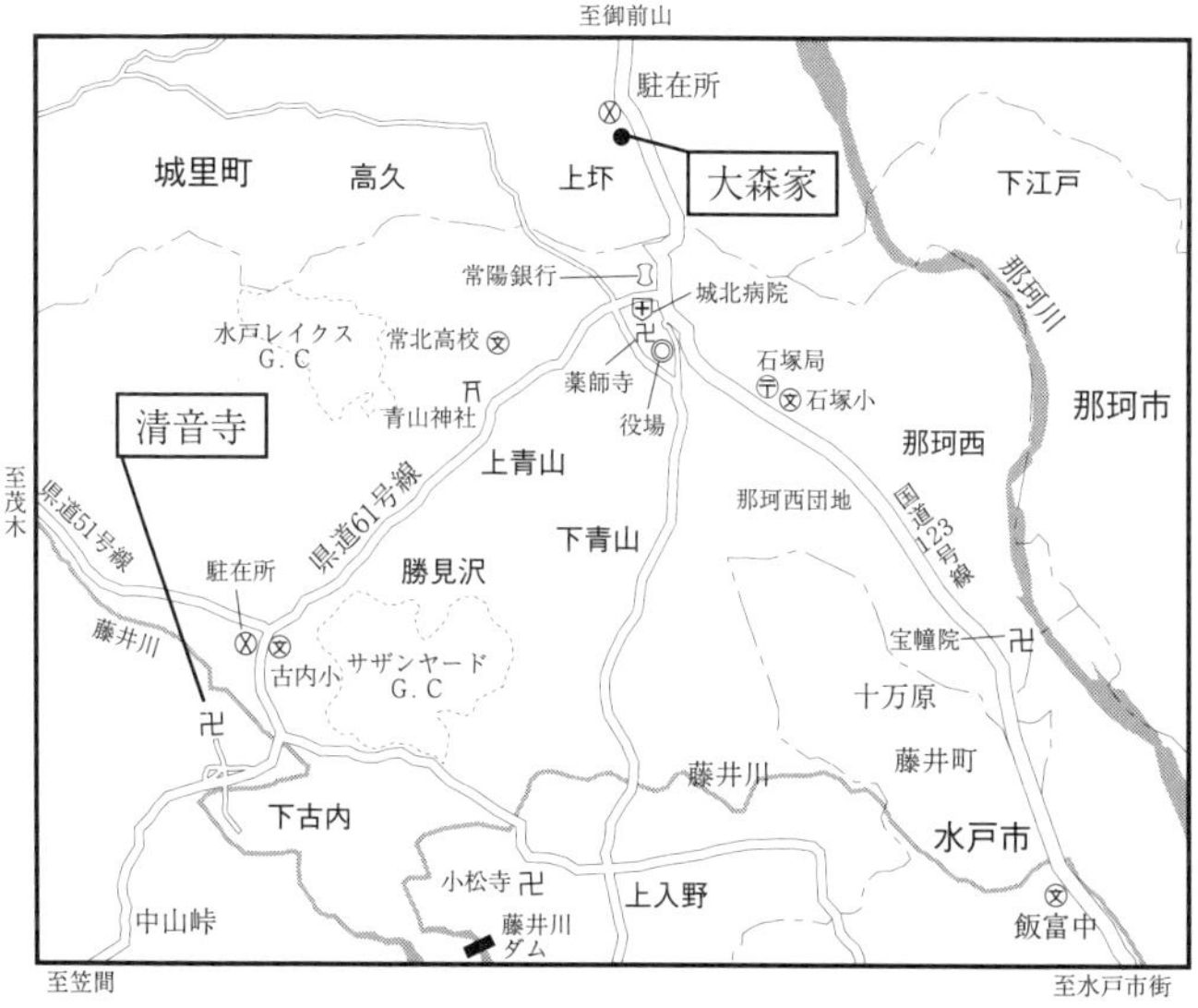

城里町周辺略図

(二) 上圷大森家と萬歳藤

常北町石塚（現城里町石塚）の町並を抜け、国道百二十三号線を御前山方面にしばらく行くと、圷の駐在所が左手にある。その僅か手前に、「萬歳藤」で知られる大森家がある。「萬歳藤」の名の由来は、義公がこの家の藤を愛でて名づけたことによるといわれ、屋号も「藤本」とするように命じたという。この屋号は現在も使われている。

『日乗上人日記』をみると、元禄十一年（一六九八）四月十七日の条に、

去年御通り御覧じ得られて、それより当春御成可有由被仰出ける故、御覧の御座敷御座しつらい御かりや作りける也

とある。去年、即ち元禄十年（一六九七）中にこのあたりを通った義公は、大森家の立派な藤に目をとめ、来年の藤の花の季節には是非見物に来たいものだ、と仰せになったというのである。『往復書案』によれば、この年の閏二月に石塚方面に出かけ、八月には長倉方向に出かけていることがわかるというから、そのいずれかの時に立寄ったものと思われる。

翌十一年四月十日、石塚方面に巡視に出かけたが、十七日に「作十郎所」に立寄り、そこから「上圷の藤衛門・藤十郎宅で藤御覧」と『日乗上人日記』にある。当日はあいにく雨が降り出したが、「今日は上圷の藤を見に行きたいものだ」という仰せがあり、巡視に同行していた太田の正宗寺や旗櫻寺

の住職なども従えて、石塚の宿舎から大森家に出かけたのである。同日記には、

上あくつといふ所也。石塚より十丁斗有べし。村の内ニて前かた八村の庄やしたる百姓とかや。此ほど迄兵右衛門といひしが、藤の大キなる木を持たれバとて、藤右衛門と名を被下けると也。其子ヲ藤十郎と御付ありし。

義公命名の萬歳藤

とあり、先祖からの藤の木を大切に守ってきた甲斐があって、当主には藤右衛門、その子には藤十郎の名を戴くという僥幸に逢った、ということが書かれている。この時には詩歌の会も行なわれているが、日乗上人もこれにちなんで、

四方の海治る御代は民の家も君のめぐみにかかる
藤波

という和歌を詠んでいる。

大森家には、この時建てられたという、藤見のための亭の跡が残っている。この建物を「垂纓《すいえい》亭」といったが、義公薨去の後は取り壊されたらしい。『義公史蹟行脚』をみると、弓野氏が訪ねたときに、井上玄桐の筆になる「垂纓亭」の扁額が残されていたということが記されている

大森家入口（藤本の屋号が見える）

が、先年春に訪問した際にも、この扁額は残されており、見せて戴くことができた。井上玄桐は、義公が西山荘に隠居した後に近侍した医者で、その手になる『玄桐筆記』は、義公の言行や逸話を収録した記録として重要であるが、その中にこの時のことが出ている。

卯歳四月、石塚藤御覧有而御歸の時、大雹ふりて、御道筋の近邊村々鳥獸夥敷打死ける。

大森家の藤を鑑賞した帰りに、大つぶの雹《ひょう》がふり、帰路にあたる村々では、鳥などが沢山打たれて息絶えていたというのである。また、

其渡（中略）にてハ殊ニ甚敷降ケれハ、御舟より御上り被レ遊時御駕輿に被レ召て可レ然由申上けるに殊外御腹立にて、かやうの時駕籠に乗ものにてハなきそとて、御菅笠御合羽にて御馬に召て歸給ふ。

とある。意味は、ある渡しで舟から陸にあがった時、余りに雹がひどかったので、お供の人々が駕輿にお乗りになったらいかがかと申し上げたところ、大そう腹を立てられ、「この様な時に駕輿などに乗るものではない」と申され、菅笠とかっぱを羽おって馬で帰られた、というのである。

旅行について、『桃源遺事』（巻之四）をみると、

西山公御一生の内、御在國の中ハ御歩行、或は御馬にて御領内御旅行なされ候。御駕篭（ママ）に被

召候事は、まれ也。御衣服麁相成ものをめ(さ)せられ、御膳にも、成ほと輕キ物を聞し召候。御旅行のせつ、雨雪風霜をも何ともおほし召れす、御うす着にて御歩行あそはされ候。

とあり、他の記録などからも、ほとんど歩いて旅行したことがわかり、たまに馬に乗ることはあっても、駕籠に乗ることはめったになかったといってよい。これは、武士として非常時に備え、心身を絶えず鍛えるという心構えを常に失なわないようにとの考えに出たものであり、終生変らなかったことの一つである。また、領民やお供の者たちが困難な目にあっている時には、自らもその境遇に身を置くことが、人の上に立つものの努めであるという仁政思想に立っていたことが、その二つであろう。

翌元禄十二年（一六九九）四月二十二日、義公は再びこの地を訪れている。この時に詠んだ七言詩が『常山文集拾遺』に残されている。

垂纓亭の扁額

藤

高成帷幄江東藟　　高く帷幄《いあく》を成す江東の藟《るい》
縷絡垂纓風扶起　　縷絡《るらく》たる垂纓風扶け起す

奪朱蒙茸蓋四鄰　朱を奪う蒙茸《もうじょう》四鄰を蓋う
只疑剡溪亦如是　只疑うらくは剡溪《せんけい》もまた是の如きかと

大意は次のようであろう。

高く、生い茂った藤の花は、地面に届くほど長く垂れて風に揺らいでいる。松の木にからまりついた枝は大きく広がり、あたり一面を蔽うほどである。

晋の武帝に仕えず高士を以て自ら任じた戴逵《たいき》が棲んだという剡溪もまたかくのごときところであったろうか。

剡溪は地名で、シナの晋の時代（西暦二五六年ごろ）に鼓琴や詩文に巧みであった戴逵という人物が棲んだところである。戴逵は武帝にしきりに徴されたがそれに応ぜず、高士を以て自ら任じたという故事による。また剡溪は、藤の名所でもあったという。

同じ晋の末期に生まれ、伯夷・叔斉の高節を慕い、地位や富に執着しない生活を送った人物に陶淵明がいる。その人となりを義公は慕ったが、戴逵もまたそのような人物である。義公の晩年は、そのような人物を理想と仰ぎ、質素な生活に甘んじたものといえよう。

常陸太田市

(一) 小島鴨志田家と楓葉

那珂市額田の街を通り抜け、旧幸久橋で久慈川を渡ると『万葉集』(巻の二十)にある丸子部佐壮《すけお》の歌、

久慈川は幸くあり待て潮船にま梶しじ貫き我は帰り来む

の歌碑が建っている。その歌碑を左に見ながら、河合の信号を左に折れ、JR太田線を渡って瓜連方面に向うと、秋には黄金の穀倉地帯となる小島《おじま》本郷に至る。その田園地帯の一角に、鴨志田家はある。周囲には濠をめぐらし、うっそうとした竹藪にかこまれている旧家である。現在の敷地は、東西約百五十メートル、南北約百十メートル位はあろうか。屋敷のたたずまいは、義公時代もかくやと思わせる風情が感ぜられる。

義公がこの屋敷を訪れたのは、『日乗上人日記』などから、元禄八年(一六九五)と翌九年(一六九六)であることは確実である。『常山文集』「巻十五」の「小島楓葉」と題する六言詩は、その元禄九年十月二十六日に詠まれたものである。

鴨志田家表門

金砂郷町（現常陸太田市）で発行した『金砂郷の自然』という本によると、この楓の木は、樹齢約五百年、樹高約二十五メートル、幹囲約二・六メートルとあり、まれに見る大木である。昭和五十七年（一九八二）、町の天然記念物に指定されたが、義公の時代には約二百年ということになろうから、当時においてさえすでに相当な名木であったことになろう。

　秋ともなり、霜が降りる頃には、目にもあでやかな真紅の楓葉が、青々とした大空にひときわ映えたことであろう。義公はこの楓を見て次のように詠んでいる。

小島楓葉

任筇到一小舎　　筇《つえ》に任せて一小舎に到る
遶舎楓葉飽霜　　舎を遶《めぐ》れば楓葉霜に飽く
仙人錬丹鉛薬　　仙人は丹鉛薬を錬り
青女逞臙脂粧　　青女は臙脂《えんじ》の粧《よそおい》を逞くす
吹起火焼林上　　吹き起す火は林上を焼き

寸斷錦曬夕陽　　寸断の錦は夕陽に曬《さら》す
夜易明天難暮　　夜は明け易く天暮れ難く
紅繼晷短日長　　紅は晷《き》を繼ぎ短日長し

竹の杖をついて鄙《ひな》の家を訪ねると、楓の葉が霜でそまっている。たとえれば仙人が紅おしろいを作り、霜雪の女神が化粧しているようである。楓の木は枝が燃えているようにも思え、錦が夕陽を受けているようでもある。深い秋の夜は明け易く、かといって空はなかなか暮れにくいが、楓の紅葉は、日が蔭ってしまうのをその光によって長くしていることだ。

というような意味であろうか。

ところが、この立派な楓の木も、平成十年（一九九八）の秋頃に、樹勢急速に衰え始める。翌十一年（一九九九）春の新芽の季節には、少し若葉をつけたものの、夏から秋にかけ、遂に枯れてしまった。樹齢が五百年にもなれば、枯れるのも仕方がないことかもしれないが、それにしても何か手立てはなかったのか、と残念でならない。

鴨志田家の当主は清敏氏といい、東京に住んでおられるので、土曜日や日曜日を利用して遠路屋敷の掃除にやって来るという。『義公史蹟行脚』の中で弓野氏は、当家には義公から拝領の鉄砲や青貝ずりの槍、扇面、短刀などが伝えられていると書いている。失礼ながら当主にそれを尋ねてみたところ、短刀は保存しているということであった。鉄砲二丁を下賜されたといわれる地蔵松は、すでに枯れてしまっているが、そのほかにもまだ屋敷内には多くの古木が残って居る。

『義公史蹟行脚』の中にある、義公が、

消残る雪かあらぬかと見るまでにいやさき

みつる白つゝし哉

と詠んだというつつじの古木は、表門のあたりに残っているものがそれであろう。

小島の楓

(平成10年春撮影、すでに枯れかけている)

また別の機会に、鴨志田家には義公の御成り御殿があったと思われたので、このことについて尋ねてみた。すると清敏氏は、現在ある住宅は昭和四十一年(一九六六)に建て替えたもので、古い母屋は十畳、八畳、十畳の順に、東西一直線に並んだ構造の住宅で、それぞれに納戸などが付属していたという。御成りの玄関は、建物の東側に付けられていたともいう。正式な玄関は、現在の建物の西側にあったらしい。義公はこの家に御成りの際、東の十畳の部屋から、楓の紅葉を楽しんだのであろう。

鴨志田家の当主は、代々又左衛門を襲名しているが、義公時代の又左衛門は、しばしば西山荘に出入りしていたと思われる。そのことをうかがわせる記事が、『日乗上人日記』にある。元禄十一年(一

六九八）七月二十七日は、朝からであったからであろうか、

御せちみのうちながら、御気めでたく、終日御物語聞給ふ。

とあり、日乗上人も同席して、「御物語」を聞いている。「御物語」をしたのは、義公のお側近くに仕える医師の楊清友と、鴨志田家の当主又左衛門の二人であった。医師の楊清友といえば、義公臨終の時、その最後を看取った人物である。

清友の物語の要約はこうである。

長崎の一作という者は、豚の肉を売って生計をたてていたが、豚を生きながら湯の中に入れて殺していた。その報いであろうか、ある日突然熱病に罹ってから声が出なくなり、「きうきう」と鳴くようになってしまった。

熱がひどく水を欲しているようだったので、周囲の人々が水を与えると、けものの仕草で一気に飲んでしまった。それでもなお足りないようであったので、大きな桶に水を入れて側に置いたところ、頭を桶に突っ込んだまゝ死んでしまったという。

続いて、又左衛門は次のような話をする。話は、江戸池之端にあった「きんたん円」という薬屋の隣に住んでいた、ある人物についてであった。

この人物の親は上州に住んでいた。そこへある夜、山伏が来て、一晩の宿を求めた。山伏が金子を持っているのに気づいた家の主人は、この山伏を殺し金子を奪った。その後何事もなく打ち

過ぎ、やがてこの家の主人に子が生まれた。

ところがこの子は成長するに従って、あの山伏にうり二つの容貌となっていった。この子は二十歳になる前江戸に出され、池之端近くの店に奉公することになった。この子は有能で、店の主も重宝がっていたが、何事かあって、同じ店に奉公していた女と主を切って逃げてしまった。しかし主は九死に一生を得て生き残り、奉行所に訴え出たので、二人は間もなく捕らえられた。

この事件はやがて上州に住む親の知るところとなる。親はかつて山伏を殺し金子を奪った罪にさいなまれていたので、自ら弁解に及ばずとして捕らえられた。そして遂に首を打たれ獄門にさらされ、子ははりつけになったという。

これは、又左衛門自身が、九死に一生を得た人から直接聞いた話であったと、日乗上人は記している。話の内容は、いずれも因果応報の物語であるが、このような「御物語」が西山荘での生活の一部として行われていたことは、注目してよい。それぞれの立場において、生活態度を戒めあっていたようにも受け取れる。

さて、現在の鴨志田家の近くには、古代の人々の生活の場があったようで、いくつもの古墳が点在している。すぐ南には、久慈の国造のものといわれる梵天山古墳がある。全長百六十メートルもあり、県内二番目の大きさといわれる大規模古墳である。また、北側には全長百メートル弱の古墳もある。こちらは、このあたりで「拝領山」と呼んでいるという。

清敏氏の説明によると、この時代の又左衛門が義公より頂戴したので、「拝領山」と呼ばれるようになった、といわれる。後円部には、星宮神社が鎮座し、急な階段が付いている。周囲は木で覆われているので見晴らしは効かないが、階段の下にある朱塗りの鳥居は、周囲の緑に映えて美しい。また、前方部は鴨志田家の墓地となっており、歴代の墓石が並ぶ。この家の長い歴史が、その墓石群から伝わってくるようである。わが国の激動期であった幕末には、この家から若い殉難の士が出ている。名を鴨志田本介直列といい、『殉難遺芳』によると、

鴨志田本介直列命　久慈郡小嶋村郷士　慶應二年八月二十六日　幽死　二十一

とある。安政の大獄、甲辰の国難、桜田門外の変、筑波山挙兵など、水戸藩では多くの人々が国事に奔走し、勤皇の道に殉じているが、本介直列はそのうちの一人である。現在は水戸桂岸寺境内の回天神社に、「水戸殉難志士」三百七十一柱の一人として祭られている。

現当主の清敏氏は最近になって、枯れた楓の木に傍らに、実生から育ててきた、楓の若木を植えているという。小島

拝領山

の楓が再び復活して、義公の詩に詠まれたような見事な紅葉が見られるのも、そう遠くはあるまいと思われる。

(二) 大方堀江家書院

義公隠棲の地西山荘の北側を迂回し、国道二百九十三号線を常陸大宮方面に向う。約四キロメートルほど行くと、山田川にかかる常井橋を渡る。そのあたりが、かつての久慈郡大方村(現常陸太田市大方)の地である。最初の信号を右折し、約百メートルほど行くと堀江家がある。立派な表門の前に案内板が立てられ、義公ゆかりの家であることが説明されている。堀江家を訪ねたのは、平成十三年(二〇〇一)六月のことである。現当主は堀江茂邦氏である。挨拶もそこそこに、義公が宿泊していた書院の内部を特に案内していただいた。

書院は八畳二間で、床の間が東向きのほかは、間取りなどは額田鈴木家書院、現木梨家住宅とほとんど同じと見た。保存状態は極めて良く、生活の場としては使用して来なかったものと考えられる。また用材などは、他の書院と比べると特に選んだものを使用している感がある。書院の西側には池が掘られ、今でも水が貯えられている。茂邦氏の話によれば、外敵を防ぐためのものであったという。池の形は、西山荘の心字の池を模したものといわれ、やや小ぶりにした程度の大きさである。また茂邦氏から、同家に伝わるさまざまな史料などを見せていただき、多くの発見があった。

堀江家に伝わる史料によると、本家はもと薬谷村（現常陸太田市薬谷）にあり、堀江源五衛門といった。その弟にあたる茂兵衛という人物が、大方村堀江家の初代である。この茂兵衛の時水戸藩初代の威公頼房が旅館とし、二代義公も同様であった、とある。堀江家の二代目も茂兵衛を名乗り、義公が元禄四年（一六九一）五月九日、西山荘に入ってからは、しばしばこの家を訪れたものと考えられる。

『堀江家文書』（堀江茂邦氏所蔵）には、

　義公様御西山江入御ニ被成候而は、午ノ年より年ニ六七度ツ、被為入、乍例御旅館ニ相成、毎度御目見被仰付幷白銀絹晒等御時節ニ随ひ拝領物仕候。

堀江家表門

とある。午の年は元禄三年（一六九〇）であるから、義公はまだ西山荘には入っていない。年に数回ここを訪れ、宿泊所としたのは、翌四年五月以降のことであろう。

　また、年月は明らかではないが、「御逗留」のための亭を建てたことも記されている。

　御旅館之上屋敷山江御涼之御亭迄御建被為置、暑中ニ相成候得は毎年被為入候而七日八

日ツヽも御逗留被為遊候ニ付、度々種々拝領物仕候。

とあるから、書院が完成してからは、毎年七、八日滞在したが、はじめは納涼のためであったらしい。二代目茂兵衛のあとは、権兵衛という人物が相続した。この権兵衛の時、それまでの庄屋役は分家に譲り、義公に奉公するよう、代官を通じて内意があったようである。

さらに同文書に、

元禄八年亥年中江戸表江被為成候砌権兵衛江御供被仰付罷登、御屋敷ニ暫相詰罷在候所。

とあるのはそのあらわれで、義公参府の時に、特に指名されてお供をしたのであろう。

義公が江戸に上るのは、元禄七年（一六九四）二月二十八日のことと『日乗上人日記』に見えるから、同文書に元禄八年とあるのは記述違いであろうか。帰国は翌八年（一六九五）一月になってからのことで、西山荘に入るのは二月八日である。

この時の日程は次のようであった。

堀江家書院と心字の池

往路（元禄七年二月二十五日～三月四日）	
二・二十五	江戸発駕のため、瑞龍山・久昌寺参詣。
二・二十八	辰ノ刻発駕、石塚泊。
二・二十九	稲田村稲田神社参詣。西念寺訪問。北中山泊。
二・三十	柿岡から北条へ。北条泊。
三・一	北条から手子沼へ。手子沼泊。
三・二	手子沼から守屋へ。守屋泊。
三・三	守屋から小金へ。小金泊。
三・四	小金から江戸小石川御殿へ入る。
復路（元禄八年一月十六日～一月二十三日）	
一・十六	江戸邸発、両国橋、市川、国府台総寧寺をへて小金へ。小金泊。
一・十七	小金逗留。
一・十八	小金から布佐、龍角寺へ。龍角寺泊。
一・十九	龍角寺から成田新勝寺、中村へ。中村泊。
一・二十	中村から飯高、太田へ。太田泊。
一・二十一	太田から飯沼観音、野尻村へ。権兵衛所泊。
一・二十二	野尻から塔崎へ。塔崎泊。
一・二十三	塔崎から海老沢、大和田、水戸中御殿へ。

右の表からもわかるように、水戸～江戸間を七、八日間かけての、ゆったりとした旅であった。この旅行に、三代目の堀江権兵衛は、御供として従ったことであろう。しかし、義公にとってこの江戸

行は、そう容易なものではなかったはずである。

『桃源遺事』（巻之二）をみると、

同七年甲戌三月、大樹綱吉公の上意によって西山公江戸へ御登被レ成候。然処に御登城の節不レ斗大學の御講釈を御所望被レ遊候。

とあり、江戸行そのものが将軍綱吉の命令であり、その上突然、『大学』の講釈まで命ぜられた。一説によれば、「西山公狂気」のうわさを確かめようとの意図があったともいわれているが、はっきりはしない。

義公は命ぜられるままに『大學』の中の「傳之三章」を講じた。内容は、シナの周王朝が何故永く天下を保つことが出来たかといえば、文公が仁に止まったからで、その政治が悉く仁政でないものはなかった、というにある。従って、人として至善にとどまろうと欲するならば、文公を以て模範とすべきであると説き、将軍綱吉に、為政者としての心構えを伝えることが、義公の真意であったろうと思われる。永年学問に親しんできた義公にとって、この時の『大学』の講義は大した問題ではない。最大の悩みは、家臣藤井紋太夫のことであったに違いない。紋太夫は若い時、義公によってその能力を見出され、立身出世を遂げた才人であった。

『桃源遺事』（巻之三）によると、

利口にして辯論人に勝れ、其上廣く諸史に通し候故、書籍を引て是非を決断する事速に有レ之候。爰を以て西山公御取立、老中ニ被レ成候。其砌ハ篤実謹厚に相見え候所ニ、内心に忍ひ陰置候佞奸邪曲いつとなく外に溢れ、己に不レ能者をは甚悪ミ、悪さまに言上して、稠敷刑罰を加へ、己に追従軽薄を致す者をは甚能様に執なし、官禄を進せ申候。

とある。義公に目をかけられている内は温厚篤実を装っていたが、人の上に立った途端本性を現わし、横暴を極めたのである。『水戸歴世譚』をみると、元禄六年（一六九三）前後に紋太夫によって役職を奪われ、蟄居を命ぜられたり、自殺に追い込まれたりした藩士は、二十余名を数える。特に、藩士の監督を任務とする、「目付」の処罰が目立つ。専横を極めつつあった紋大夫に抗し、忠勤を励もうとした藩士達であった、と思われる。

このまま放置すれば、藩の重大な危機に直面するとみた義公は、紋大夫を除くことを決断した。折りしも将軍の命によって江戸に在ったので、能の会を催すこととし、それにかこつけて、用意周到の準備をする。自ら舞う能の途中で紋大夫を呼び出し、証拠を挙げて難詰したうえ、刺殺した。直ちに家来を紋大夫の屋敷に派遣、邸宅にあった証拠書類をすべて集め、他に類が及ばないように破棄させた。

紋大夫の家族に対しては、藩主綱條の考えを抑え、非はないとして、すべて許している。事の顚末は『玄桐筆記』に詳しく述べられている。誰も傷付けることなく、紋大夫以外に一人の犠牲者も出さず、自己の全責任において、大事件になるところを未然に防いだ義公の処置は、全く見事という他はない。時に、元禄七年（一六九四）十一月二十三日のことである。

『常山文集』（巻之三）に、次の五言詩が載せられている。詞書には「安積覺偶來会」とあり、題は「上㆓大方高岡㆒」とあるから、堀江家において詠まれたもので、「巻之三」に載せられている前後の五言詩から判断すると、元禄六年秋のことと推定できる。

遠人偶來止　邂后喜相逢
話舊多情密　上高萬景供
稲田飜翠浪　松蔭冷金風
終日屢酒酣　更澆磊隗胷

遠人偶《たまた》ま來止し、邂后《かいこう》相逢うを喜ぶ
舊を話せば多情密に、高きに上れば萬景供わる
稲田翠浪《すいろう》を飜し、松蔭金風冷やかなり
終日屢《しばし》ば酒を酣にし、更に澆ぐ磊隗《らいかい》の胷

「高岡」は堀江家の裏山で、同家文書によると、二代目茂兵衛はここに隠居所を建てたとあるから、庭の石組などがあったのであろう。その高台より眼下に広がる稲田を見ながら、安積澹泊などと酒を酌み交しているが、どうしても胸のつかえがとれないことを吐露した詩である。その憂えは、時期的に考えると、紋大夫の一件ではなかろうか。義公のもとへは、紋太夫によって無実の罪に貶められた藩士の情報が、頻々と寄せられていたろう。五言詩に詠まれたように、元禄六年秋のころは、最早一刻の猶予も許されない、という心境にあったのではあるまいか。

　先に述べたように、この事件を無事乗り切った義公は、元禄八年（一六九五）正月十六日、江戸を

後にする。小金から成田山新勝寺、さらには飯沼観音（現千葉県銚子市）まで足をのばし、海老沢から水戸に入る。西山荘に帰るのは、正月二十八日のことであった。大方村の堀江権兵衛が義公のお供を命ぜられたのは、このような難しい状況下のことである。

翌元禄九年（一六九六）十月になると、その堀江家に義公が訪れ、詩会が開催されている。この時詠まれた詩歌の記録は、堀江家に残されており、それをみると、

元禄九年丙子十月二十日大方村堀江權兵衛設會賦紅葉留客詩分霜葉紅於二月花句為韻

との詞書がある。題は「紅葉留客」であった。

唐の詩人杜牧に「山行」の七言詩がある。

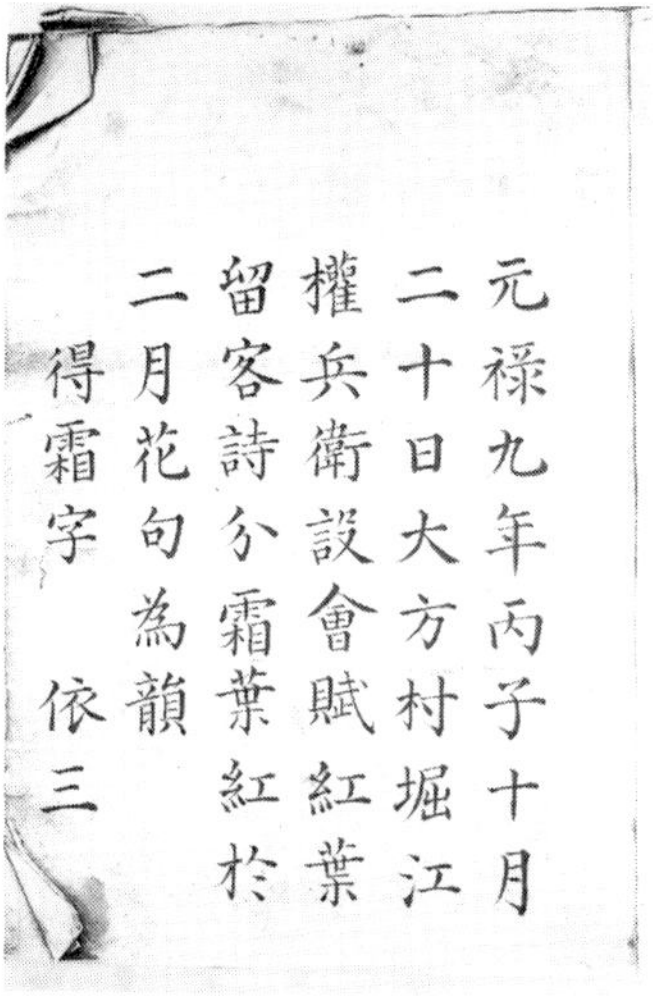
元禄九年丙子十月
二十日大方村堀江
權兵衛設會賦紅葉
留客詩分霜葉紅於
二月花句為韻
得霜字　依三

紅葉留客詩記録

遠く寒山に上れば石徑斜なり
白雲生ずる處人家有り
車を停めて坐《そぞろ》に愛す楓林の晩
霜葉は二月の花よりも紅なり

という人口に膾炙した七言絶句であるが、この時の詩会は、その結句を韻としたものである。義公の七言詩は、この中の「於」を韻に用いて詠んでいる。

紅葉客を留む

楓林秋暮暫停車
徑畳紅鱗魴尾魚
客衣錦衣歸不得
淹留樹陰共相於

楓林秋暮れて暫く車を停む
徑は紅鱗を畳きて魴尾魚たり
客衣錦衣歸るを得ず
樹陰に淹留《えんりゅう》して共に相於《よ》る

山路一面に散り敷かれた紅葉の美しさに心引かれ、帰るに帰れない心境を詠んだものである。

その後、元禄十年（一六九七）六月十日になると、義公は紋太夫によっていわれなき処罰を受けた人々に対し、親書を与えたという。『水戸歴世譚』をみると、

各閉門之内、いか計苦労に存候所、子息達迄、被召出御陰いか計、悦申候。此上は、息達も段々被召仕立、本地に歸被申候半と存候。早々火中（以下略）

とあり、苦労をかけたことを心から詫び、本貫に復させるべく努力することを約している。藩主の地位から退いているとはいえ、藩士や領民の動向に絶えず気を配り、公平な政治に努めた義公の信実を示す出来事といえよう。

堀江家の庭先で、当主の茂邦氏と資料などを見ながら当時のことなどを語り合っていると、時空を

超えて、義公の時代にいるような錯覚をおぼえた。茂邦氏は「屋敷のところどころに楓の木を植えていますといわれる。「紅葉留客」の詩に因むことは云うまでもない。

(三) 新宿根本家

常陸太田の市街地から西山荘へ行くには、源氏川を渡る国道二九三号線を行くことになる。その道に沿ったあたりを桃源といい、源氏川にかかる橋を桃源橋という。桃源の名の由来は、義公が早くからその生き方にあこがれていた陶淵明の「桃花源記」に因んでいるといわれている。

陶淵明の「桃花源記」の序には、次のようにある。

　普の太元中に武陵の人、魚を捕うるを業と為す。渓に縁って行き、路の遠近を忘る。忽ち桃花の林に逢う。岸を夾んで数百歩、中に雑樹無く、芳草鮮美、落英繽紛《らくえいひんぷん》たり。漁人甚だ之を異しみて復た前《すす》み、行きて其の林を窮めんと欲す。林は水源に尽きて、便ち一山を得たり。山に小口有り。髣髴として先有るが若し。(以下略)

時代はシナの晋の時代、武陵というところの漁師が見たという、桃の花が咲き乱れ人々が平和に暮らしていた理想境、桃源境の様子が記されている。元禄四年(一六九一)、終の棲み家として西山荘を建てた時、義公がその道筋に桃の花を植えさせたのも、このことと深い関係があろう。

現在の桃源橋はコンクリートの車道となり、昔の面影は全くない。しかし橋を渡ったところには、水戸藩の支藩であった守山藩の藩主、松平頼寛の撰文になる「常州西山碑」が今も建つ。高さ一・五メートル、幅一・八メートルほどあるが、表面はすでに摩耗し、字はほとんど読むことは出来ない。もとは近くの畑の中にあったという。

『義公史蹟行脚』を開くと、その全文が載っていた。本山桂川氏著の『いしぶみ日本史』にも読み下しが載っていると聞いたが、あいにく筆者は持ち合わせていない。丁度吉澤義一氏の蔵書中にあるらしいというので、夫人に問い合わせてみた。するとあるという。それを借用してみると、全文は載っておらず、後半部分のみであったが、それを参考にすることが出来た。以下は『いしぶみ日本史』中の「黄門光圀にまつわる碑跡」を参考にして、『義公史蹟行脚』中の文を読み下しにしたものである。

今茲秋八月、寛、瑞龍山先塋に謁し、翌日轅《ながえ》を西山に廻らさんと欲し不幸疾を発し、登拝を得ず。乃ち昵臣《じっしん》をして敬しく肖像を恵日庵に祭せしむ。庵は乃ち公の旧館なり。あえて規矩を改めず。さらに僧をして永くこれを掌らしむという。西山水戸侯義公致仕して自ら西山隠士と称し、人亦西山公と称す。山は常陽久慈郡太田郷の西に在り。故に西山と曰う。けだしその封地なり。水戸を去ること三十六里遠く瑞龍を去ること六里許なり。

寛、恭しく瓜瓞《かてつ》の親を以てその邦に入るを得たり。近く西山の形勢を望み、深く大人の徳碌碌《ろくろく》玉の如く、落落石の如からざるを知る。是を以て之が銘を為りて曰く、赫赫《かくかく》たる義公、徳を邁し民を康し。
允文允武、寵命薦臻《せんしん》。
学は三代に籍《し》き、憲は後昆《こうこん》に流る。
史を修し世を論じ、皇運更に尊し。
独り先覚に稟し、文運肇《はじ》めて隆なり。
模と為し楷と為し、尚遐風《かふう》を想う。
龍騰鳳翔《りゅうとうほうしょう》、聲は海外に振い。
胎厥《たいけつ》既に集り、機に察して蝉脱《ぜんだつ》す。
峨峨たる西山、永に塵累を継ち。
夙に古賢を慕い、貞軌変ぜず。
顕顕たる遺烈、千載に仰止す。
宝暦丁丑秋八月
守山従四位侍従黄龍源頼寛謹識

「宝暦丁丑」は宝暦七年（一七五七）のことであるから、義公薨去《こうきょ》五十七年後のことである。文中にある「允文允武寵命薦臻。学は三代に籍き、憲は後昆に流る。史を修し世を論じ、皇運更に尊し」という記述から考えると、義公修史の意図を明確に察知していたことが伺えよう。義公追慕の念が極めて深いものといわなければならない。

さて、義公が西山荘に隠居したとなると、このあたりの里正に挨拶に行かないはずはない。引退後は、市井の人としての生活態度を守ったと思われるからである。また桃の木を植えたとすれば、それをどこから調達したのであろうか。『西山遺事俚老雑話』をひらいて見ると、その桃の木に関する記述があることに気がついた。それには、

桃源橋より、御山荘迄、路傍なる桃樹ハ、近郷へ宛て物などにて御植立にも成りしにやと思ひしに、菅谷村横須賀勘兵衛が家に傳來せる、義公様西山へ被レ為レ入し後、江橋六助、鈴木宗与、井上玄桐など申せし人々より之来翰數通持ち傳へしを披閲せしか、彼桃の樹ハ、勘兵衛へ被二仰付一、勘兵衛才覚を以て指上けし赴《（ママ）》見へたり。

とある。つまり横須賀家に残されている書簡などから、桃源橋の桃の木は近くの村々への「宛て物」にはせず、勘兵衛ひとりの才覚で植えたのであった。菅谷村（現那珂市菅谷）周辺の杉、堤、横堀地区は古くから苗木の生産地で、昭和三十年代まで国鉄の貨車などで全国に出荷していた。あるいは勘兵衛も、苗木の栽培などを手がけていたのかも知れない。地元の農民達には余計な負担をかけることなく桃の木を調達したところに、義公の農民を思い遣る態度をみることができよう。

しかしその桃の木も、江戸末期になるとほとんど見られなくなってしまった。常陸太田の郷土誌『まいづる』に、桃の木の植栽を示す古文書が紹介されていた。その古文書によれば、新たに桃の木を植

え、義公の精神を継承しようとした藩主が現れたのである。その藩主こそ、幕末のわが国の困難を自らの責任として担い、これを打開しようとした烈公斉昭であり、その古文書は、新宿《あらじゅく》の根本家に所蔵されているらしい。

早速根本家を訪ねることにしたのは、平成十八年（二〇〇六）正月五日のことであった。まずは常陸太田市郷土資料館に行き、根本家の所在を確かめようとした。受付の方に聞いたが、わからないという。仕方なく、駐車場の管理人に聞いてみた。するとその人は、それは新宿の根本家で、桃源橋の手前の信号を右に入った、旧道のあたりではないかという。教えられた通り、桃源橋の手前を右に折れ、車をゆっくりと走らせて行く。旧家らしい家を捜したが、それらしき家は見つからず、先のほうには増井の正宗寺の甍が見える。これでは来すぎてしまったので、引き返した。何とはなしに、大谷石の立派な門の家があったので入ってみると、正面に氏神様らしい小社が目につく。

根本家表門

玄関のベルを押すと、この家の夫人が出て来られた。「もと庄屋をされた根本さんの家を捜しているのですがご存知で

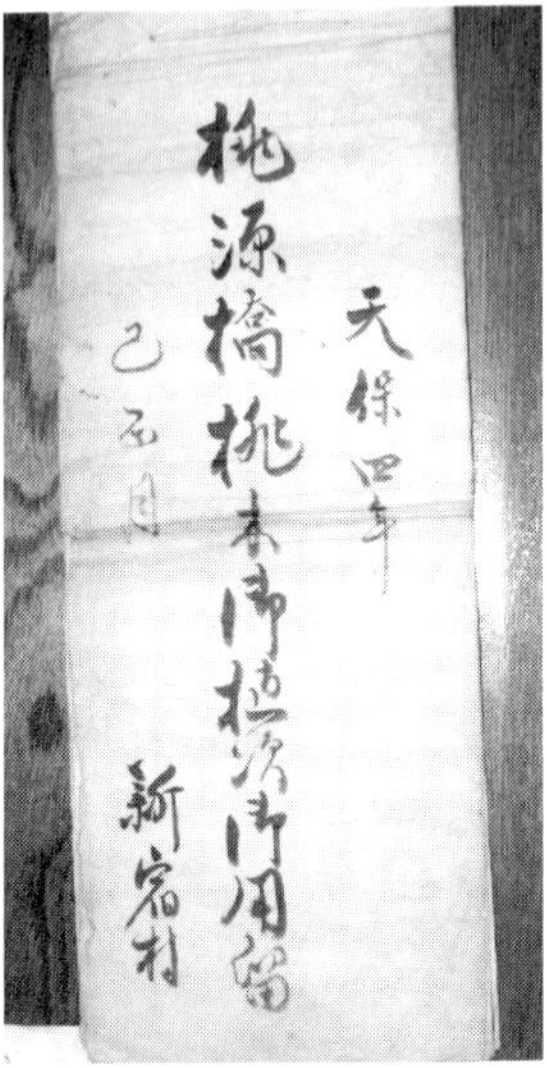

桃源橋桃木御植次御用留

しょうか。」と尋ねた。すると夫人は、「多分それはうちでしょう。」といわれる。「天保年間に桃源橋の桃の木を植えたということを書いた古文書を捜しているのですが、お持ちでしょうか。」とまた尋ねると、「それはどこかに仕舞ってあるかも知れませんね。捜してみましょう。」といって、御主人と一緒に探してくださった。この家の主は根本和男氏、御夫人はカツ子さんといわれる。「普段は余り気に止めないものでして」といいながら、系図や金砂神社の大祭礼の絵巻物など、古文書の類を出して来られた。その中に、筆者が見たいと思っていた、天保四年（一八三三）の『桃源橋桃木御植次御用留』はあった。それを見せていただくと、義公時代に植えられた桃の木はほとんど枯れてしまったので、烈公は近隣の村々に命じ、桃の木を植えさせたことが記されていた。この時には、近隣約三十の村に桃の木を納めさせていることが知られ、文中には、

　心なき者もここに杖を曳き、よくよく拝見につどい来る者年々歳々少なからず候ところ、近頃は古樹枯失いたし、毎々に植え継き候へ共、多くは若樹に帰りあるいは本数も滅却に及び候ゆえ、このたび厚く手入れ仰せ出され候（以下略）

とある。即ち義公隠棲の跡を訪れる者があとをたたない。桃の木が枯れてしまっては、春は花の美しさを鑑賞して心を優美にしたいものだという、義公の思し召しも伝わらなくなってしまう。この際桃源境としての雰囲気を復活し、義公時代の雅やかな精神を取り戻そう、と烈公は考えたのである。

このようなところにも、義公の精神は後世に脈々と受け継がれていることを、あらためて知らされる。この事自体にも勉強させられたが、さらに筆者が驚くことが根本家の文書にはあった。それは、明治六年以降のものと思われる封書で、日付は九月十九日、当時の根本家の当主千代吉氏に宛てた、根本通明博士の書簡である。

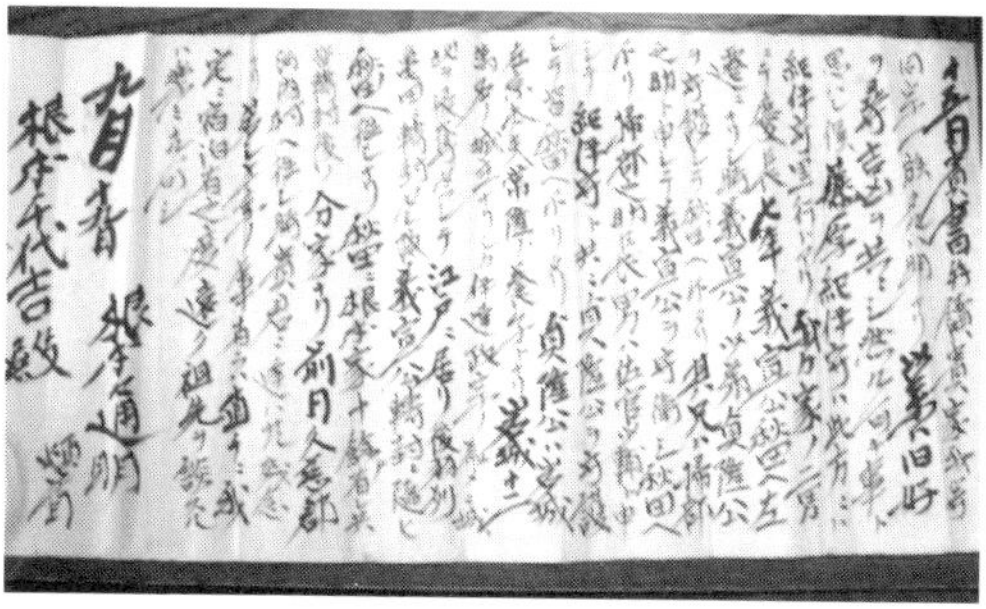

根本通明博士書簡

世間一般にはなじみがないが、根本通明博士といえば易学の泰斗であって、本姓藤原氏、佐竹氏に従った根本氏の後裔で、秋田藩の出身である。その博士は当時東京小石川に住まわれ、大蔵省の沿革史取調、官用省御用掛などを拝命している。明治十九年一月七日には、明治天皇に『周易』の御進講を申し上げ、明治二十八年から三十九年八十五歳の生涯を終えるまで、東京帝国大学で教育にたずさわった経歴の持ち主である。

根本博士はある時、自分の先祖の出自を調査すべくこの地を訪れたが、あいにく千代吉氏には会えなかった。会っていれば、共に先祖の事など語り合いたかった。もし東京に出る機会があれば拙宅に遠慮なく立寄ってもらいたい。手紙はそのような内容である。

この根本通明博士については、明治期に東京帝国大学に招聘されたケーベル博士の『随筆集』の中に、貴重な記述がある。ケーベル博士にとって、明治初年のわが国の欧化政策は、我慢のならないものであった。必要以上に欧米に媚び、品位のない無節操な日本人を作り出していると、博士の眼にはうつっていた。しかしその中にあっても、古来の日本人らしく謙虚で、高邁な精神を持つ日本人はいた。東大の濱尾学長、名前は忘れたが古代日本文学の教授、そして根本教授であったという。『随筆集』の中でケーベル博士は、

是等の老紳士を見、また彼等の近くに在ることは、私には極めて愉快であった。蓋しそれは本物の人間に接して居る、即ち誠実なる、高雅なる、立派に仕上の出来た、健全なる人格にして又その本職に堪能なる士（中略）に接して居るという感じがしたからである。

と三人を絶讃している。そのケーベル博士自身はというと、これまた学生には絶大な信頼を受けていた。「類は友を呼ぶ」のたとえがあるが、恐らく根本博士がケーベル博士を見る眼もまた同様であったろう。教え子のひとり、明治の文豪夏目漱石にも『ケーベル博士』の一文があり、その中で漱石は、

文科大学に行って此所で一番人格の高い教授は誰だと聞いたら、百人の学生が九十人迄は、数ある日本の教授の名を口にする前に、まづフォン・ケーベルと答へるだろう。

と書いている。学生の眼には、「誠実なる、高雅なる」「本物の人間」としてケーベル博士はとらえられていたのであろう。

さて、筆者の恩師名越千秋先生は、かつて秋田まで行き、根本通明博士の事蹟を調査し研究されたことがあった。今思えば、この『水戸光圀の餘香を訪ねて』の執筆も、最初から千秋先生の励ましがあったからこそ続けて来られたといえる。根本家を訪れ、通明博士の書簡を見せていただいた時、まことに不思議な感情にとらわれ、何かの引き合わせのようなものを感じていたことは事実である。このときそれを感じながら、突然の訪問にもかかわらず、貴重な史料を見せていただき、長時間いろいろと相手して下さった根本御夫妻に心から感謝して家路を急いだ。

(四) 和久後藤家

『西山遺事俚老雑話』という本には、「和久村勘兵衛か事」という記事がある。それによると、和久(現常陸太田市和久)に住む後藤勘兵衛という人物が、時々西山荘に義公を訪ね、いろいろな話を申し上げて相手をしたことが記されている。

『水府村史』などを見ると、はじめてのお目見えは、「元禄四年未の五月十一日馬場御殿」においてで、それ以後元禄十三年(一七〇〇)十二月六日に義公が薨去するまで約十年間、西山荘を訪れては話し相手になったり、時にはお供を命ぜられたりして仕えたという。義公の隠棲は、同四年（一六九一）五月九日のことであったから、お目見えはその直後ということになる。

勘兵衛は常に変わらない態度で仕え、正直で誠意ある人物であったので、義公が「北筋」などに巡遊する時には、必ず勘兵衛の家に休息するのが常であったと伝えられている。その屋敷は、現在の「舘」というところにあり、義公が名付けた「洗竹亭」という別邸もあったようである。

平成十二年（二〇〇〇）三月の日曜日、「洗竹亭」の屋敷跡を訪ねてみた。その地は山田川西岸の高台にあり、今は一面畑地となっていたが、梅の古木が一本たち、東への眺望はまさに絶景であった。春の朝や夕べに見渡す周囲の山々の美しさは、和歌や詩を賦すのには格好の場所であったろう。また『西山遺事俚老雑話』には次のような逸話も載せられている。

西山公ある時、勘兵衛か家に成せられし時に、床に白紙を裱装してかけ置たる、御覧ある。勘兵衛にくき事をする者ぞ。予にかかせむとて如レ此かまへたるなりとて、筆をとらせ遊ハしたるなりとぞ。ほらのはほらにと、うけたまハリぬ。勘兵衛、後に隠居して素風といふ。

義公に一筆書いていただこうと、表装した白紙を掛けておいた勘兵衛もなかなかの知恵者であるが、それに応えた義公の歌も面白く、両者のほほえましい主従関係が語られているように思われる。

義公の和歌はこうである。

長ひもの三間鑓に秋の月天下野のほらの和久の勘兵へ

「ほら」は「洞」で、天下野の地は山田川の谷が南北に長く延びていることによるのであろう。また勘兵衛は、西山荘に長居をすることが多かったとみえ、義公はこれにかけて詠んだものと思われる。

義公が後藤勘兵衛家を訪れたのは何時のことかと、『日乗上人日記』などを調べてみると、元禄九年（一六九六）八月、同十年（一六九七）八月、同十一年（一六九八）八月、同十三年（一七〇〇）七月の四回が確かめられた。

ここでは、元禄十年八月について述べてみよう。貞享元年（一六八四）佐々宗淳の推挙により水戸藩に仕えた史臣森儼塾は、義公の知遇も厚く、同年春、江戸より水戸に移ってからも、しばしば側近に侍した。『義公史蹟行脚』には、その儼塾の「洗竹亭」の七言詩が詞書とともに載せてある。

在和久村民勘兵衛宅、勘兵衛嘗仕于西山、有寵元祿十年八月公與侍臣及僧侶會於此、留七日、唱酬累篇、勒爲一軸賜之、亭今廢

疎竹遶亭風日清、溪畔村酒締詩盟

青山不改舊時色、澗水猶傳金玉聲

この七言詩は、元禄十年（一六九七）八月の出来事を回想したもので、詞書からすると、義公の滞在は七日間におよび、侍臣や僧侶などと詩のやりとりがあった。その時に詠まれた詩は、軸物にまとめられ、勘兵衛の家に与えられたのであろう。しかしそれから数年後、儼塾が再び和久を訪れたときには、すでに「洗竹亭」はなくなっていたものと思われる。儼塾の懐旧の情切なるものが感じられる

詩である。

　さて、義公ゆかりの後藤勘兵衛屋敷があった館の地へは、地元の人々に道を尋ねながらやっと辿りついたのであったが、同時にいろいろなことを教えていただいた。特に、後藤勘兵衛の子孫が町田に住んでいるという情報を得たことは、大きな収穫であった。

　日をあらためて、町田の後藤家を訪ねたのは、奥久慈の山々が新緑に染まる頃であった。お宅は、金砂郷町久米（現常陸太田市久米）の国道二九三号線の信号を北に向い、同市和田から松平、町田と行ったところの、町田の集落の入口にあった。現当主を後藤雅夫氏といい、建築業を営んでおられるという。お宅にお邪魔すると、初対面の挨拶もそこそこに、

義公から拝領したと伝えるお盆

早速義公から拝領の品と伝えるお盆を一枚出して来られた。お盆には、中央に大きな葵の紋が入っていたが、実際に永年使用して来たため、相当摩耗して薄くなってきている。縁にも小さな葵の紋が三つ入っている。傷みが激しいので現在は大切にしまって保存をしているという。

　次には、勘兵衛時代のものと伝えられている位牌を二体出して来られたので拝見した。一体には、

清覚道養信士　清玉妙香信女　靈位
浄蓮妙宗信女　秋光妙本信女

とあり、裏面に、

貞享三寅年六月廿二日

貞享五辰天七月十二日

とある。また別の一体には、

芳誉道珍信士

月涼妙善信女　　不生位

の戒名があり、裏面には、

元禄十二年卯天三月五日

とあった。位牌は二体共に立派なものであり、当時としては相当な格式と財力があったことを物語るものである。貞享三年（一六八六）と元禄十二年（一六九九）では、その間十三年の開きがあるが、二体共に勘兵衛時代の製作にかかるものとして良いと思われる。

この他には、当時のものは伝わっていない、という雅夫氏のお話であったが、「後藤家の墓地には、ひときわ大きな石があります」といわれるので、帰路拝見させていただくことにして、後藤家を辞した。ところが、実際墓地を目指して行ってみると、見当をつけたあたりは、地形が複雑で見つけることができない。しかたなく後藤家に戻り、もう一度詳しくお聞きしたところ、来客中であったにもかかわらず、雅夫氏が案内してくださるという。親切にあまえて案内をしていただく。

館の勘兵衛屋敷跡から東を望む

近くまで車で行き、御当主の後について田んぼの細いあぜ道をたどり、さらに山に向かって整備されたばかりの、コンクリートの急な階段を数十段登って、やっと墓地についた。現在の後藤家から三、四百メートルくらいある墓地へは、独りではやはり無理であった。登りつめたところで、西に開けた山田川流域を見て驚いた。谷を挟んで約一キロメートル位はあろうか、墓地は「館」にあった勘兵衛の屋敷跡と相対していたのである。このことは、単なる偶然であろうか、あるいは朝夕に先祖を拝したことに由来するものであろうか。

まずは墓前に合唱し拝見すると、後藤家墓地には、なるほど大きな墓石があった。高さ約二メートルほどもある宝篋印塔で、右側側面に「宝永二年」の年号と「為白蓮浄香信女、乃至法界平等」の文字が刻まれている。宝永二年（一七〇五）は、義公薨去五年後の建立であるから、恐らくは勘兵衛存命中のことであったにちがいない。先に見せていただいた位牌や、宝篋印塔などから判断すると、勘兵衛時代において、後藤家は相当な隆盛を誇っていたものと考えられる。

次の予定もあったので、雅夫氏を車で送り、挨拶をして後藤家を辞そうとして縁側を見上げる

後藤家墓地の宝篋印塔

と、燕が多数家の中に巣を作って棲んでいる。巣は五つほどあったろうか。後藤家では毎年、燕が家の中に巣を作るという。その為に、廊下には新聞紙が一面に敷き詰められ、燕たちの為に、出入口も確保されている。雅夫氏も奥様も誠に実直な方々であり、燕を暖かく保護されている生活の中に、今は失われつつある人情の美しさを見た思いがした。

(五)　天下野會澤家

水府村和久のあたりを調査していた時のことである。近くの高性地《こうしょうち》という地域には、木梨姓の家が数軒あり、そのうちの一軒は、天下野《けがの》の會澤家から義公の宿泊所を移したものらしい、という話を耳にした。そこで『義公史蹟行脚』を開いてみると、會澤家について七頁にもわたり詳しく書いてあ

る。その中で、家屋について、

全家屋は走り十五間、奥行四間、その左方に接續して造れる棟が八疊二間、その廊下は幅一間で、即ち今をさる二百六十年前、寛文八年、義公を遇せんがための増築にかかるものである。

という記述があることに注目した。かつて義公を迎えるため、母屋に接続して、御成り御殿を増築したのである。もしかしたら、その建物は現存しているかも知れないと考え、平成十三年（二〇〇一）五月の日曜日、御成り御殿を捜すべく、水府村（現常陸太田市）に出かけた。

水戸から国道三四九号線を北上し、常陸太田市河合の信号から久米十文字をへて水府方面に入る。松平、和久と進み、山田川にかかる高性地橋を渡ると、そこが目的地高性地の集落である。道を歩いている地元の方数人に尋ねてみると、それらしき家屋はだいたいわかった。近くまで行ってみたが、入口らしきものはなく、ただ畑の中に家があるばかりである。かろうじて、車のタイヤの跡らしきものを見つけたので、そのあとをたどり、住宅の前に立った。

瓦屋根のごく普通の家の造りである。玄関で声をかけてみると家の主が出て来られた。来訪の目的を告げ、いろいろ尋ねてみると、染物の工房としてこの建物を借り、このあたりの人々に染物を教えながら、仕事をしているのだという。家主は常陸太田の駅近くに移ったということであった。

「家の中も見ていいですよ」といわれるので、玄関から入った。生糸の束が部屋中に所狭しと置かれていた。壁には大きな布が数枚かかっているが、いずれもここで染められたものらしかった。座敷に上って、柱や長押、天井、床の間などを見て驚いた。那珂町額田（現那珂市額田）の鈴木家書院の造りと、ほとんど同じものである。長押には釘かくしがあり、床の間や天井、八畳二間の内部の仕様、一間幅の廊下など、同じ大工の手になったものかと思われた。

ただ残念なのは、移築したであろう時に玄関を増築し、台所なども作り変えたと思われ、染色工房用にと壁板などを貼り直したことである。勿論屋根も、茅葺きから瓦葺きに、葺き替えられている。しかし、間取りの様子や納戸、長押の材料、床の間、廊下の状況から判断すると、會澤家にあったとされる御成御殿と考えて、間違いはないであろうと思われた。写真を数枚撮り、お礼を述べて辞去した。

次の日曜日、今度は天下野にある會澤家を目指した。天下野地区は、南から一区、二区と、山田川に沿って分けられ、六区まである。木梨家住宅のある高性地からは、さらに北に入ったところにある山村集落である。

會澤家は、天下野郵便局近く、三区にあることを聞いていた。郵便局はモダンな目立った建物なのですぐわかったが、肝心の會澤家が見つからない。近くの魚屋の主人に尋ねると、百メートルほど戻ったところだという。なるほど、見つからないのも当然である。現在の會澤家は、『義公史蹟行脚』などを読んで頭に描いていたイメージとは、まるで異なっていた。母屋は現代建築のそれであり、門構えといえば、石造りに青銅製の門扉を配した、瀟洒な造りであった。

門柱を見ると、「徳川光圀（義公）御成御殿跡地」、と彫られた石板が埋め込まれている。門の周囲

現在の會澤邸

を歩いてみると、人が出入りしている形跡がない。向い側に菓子屋があったので店の方にいろいろ聞いてみた。すると、會澤家の人達は、生活の場を東京に移してしまい、現在は誰も住んでいないとのこと。時々御当主が帰って来ては部屋をあけ、掃除などをしていくのだという。これでは會澤家の方には会えないとあきらめ、屋敷内を見せていただくことにした。

屋敷内に入ると、西側は小高い丘となっており、その稜線が南北に続いている。その斜面を利用して木々が植えられ、庭園が作られている。その周囲には、家庭菜園と思われる畑があり、さまざまな野菜が育っている。庭園には池があった。池の中には湧水が見られ、その間をぬって、鯉がゆったりと泳いでいる。この池は相当古いものである。義公時代の当主であった、縫《ぬい》殿《の》助《すけ》師乗という人物が、西山荘に伺候した際、庭園の模造を願い出て許されたものに違いない。だとすると、この池は心字の池ということになる。他の端に生い茂っている木々は古く、数百年は経ていると思われる木斛や楓の木があり、その上の方の斜面は、一面竹で被われていた。

平成十五年（二〇〇三）三月は、東西の両金砂神社の、七十二年に一度の大祭礼にあたり、地元は祭りの熱気であふれているが、その時水木浜の御神事に使われる竹は、この家の山から切り出されると聞いた。このあたりばかりは、昔日の面影が感じられる。

『常山文集』「巻之四」をみると、義公が、會澤家の庭の楓を見て詠んだと伝えられる、五言詩が載せられている。「山家紅葉」と題するこの詩は、

日暖霜林下　霞衣襲錦袍
葉零迷蟻穴　木密散狸毛
地冷風猶冷　山高秋益高
紅葉継短晷　更不借焚膏

日は暖し霜林の下、霞衣錦袍を襲《かさ》ぬ
葉零《お》ちて蟻穴に迷い、木密に狸毛散たり
地冷く風猶冷く、山高く秋益々高し
紅葉は短晷《たんき》を継ぎ、更に膏を焚くを惜しまず

とある。深まりゆくある秋の日の冷たさの中、どこまでも澄み切った大空に映える、紅葉の美しさを詠んでいる。「山高く秋益々高し」という句は、まさに実感そのものであったろう。前後の詩から判断すると、元禄十二年（一六九九）秋の作と考えられる。『日乗上人日記』の元禄十二年閏九月二十七日の条には、

今朝玄桐方より御兼題とて、山家紅葉ノ題来る。仰なれバとて今日歌よみて書付、ふところにして参りし也。

とあり、その時詠んだ日乗上人の和歌は、

問人の袖は錦と成りにけり紅葉をわくる秋の山里

というものである。また、この歌をご覧に入れたところ、義公は殊のほかおほめになったということも、書いている。「人々歌よみ詩作り給ふ」とあるから、義公の五言詩も、會澤邸での実景を、「山家紅葉」というこの時の詩会の題によせて、詠んだものかも知れない。今、池の端に立っている木々は、その頃のものであろうか。

さらに、義公が會澤家に宿泊したある日の出来事が、『桃源遺事』（巻之五）の冒頭に載せられている。それには、

西山公御旅行之節、天下野村久慈郡なり、俗ニケカノと云所へ御出、會澤縫殿助師乘といふ百姓の家に御旅宿被レ遊候。家主上座の床に狩野常甫か筆の三幅對のかけ物を掛、下の床に心越禪師の自畫自讃のかけ物を懸たり。

西山公是を御覽し、画工の絵を上に懸、僧の絵を下に掛候事、逆成事也。繪の善悪にかゝはらす、人の位を以次第すへき事也。懸直し候得と仰られ、且又貳幅對、三幅對の懸やう、寸尺細かに御教へ、御さし圖にて懸直し申候。

とある。ある日會澤邸にお泊りになったところ、上の床の間には画工の絵が懸かり、下の床の間には、僧侶の描いたものが懸かっていた。これを見た義公は、懸ける位置が逆ではないのかと諭されて、懸直しをさせ、そのうえ懸け方、寸法に致るまで教えることがあったというのである。

　このような出来事は、『桃源遺事』「巻之一上」に、

　　上古の衣服幷器物の拵やう、もろ〱の武器樂器および賤しき器物迄もいたしかたよく御存被レ遊候。亦細工、御繪、御料理等もよくあそハされ候。

と述べていることとよく符合し、義公の興味関心は、世事万般にわたっていたことが証せられよう。またこの一事は、義公の身分観を示すものと考えることもできる。特に仏教については、領民の教化を期待すること大なるものがあったと思われ、聖職者としての僧侶の在り方に一家言を有していたのであろう。聖は聖の、俗は俗の「あるべきよう」を考えていたことが、心越禅師の自画自讃のかけ物を上にし、狩野常甫のかけ物を下にかけるよう指示させた、ということになる。

　その後、會澤家の方に会って話などを伺いたいものだと思っていたところ、思いもかけない機会が訪れた。平成十五年秋、付近を通りかかると、屋敷内に車が数台あった。見ると十人ばかりの人が、屋敷内の掃除をしていた。もしかして当家の方がこの中にいるのではと思い、近くの人に声をかけてみた。すると、その人が會澤和子さんという、現当主にあたる方であった。今までのいきさつを話し、いろいろと伺ってみた。今日は東京から友人を連れ、屋敷の大掃除に来たのだといわれる。また、家

義公御成り御殿

に伝わる大切な品々は、東京に置いてあり、ここには数枚の絵と、什器類のみであるという。出来たらそれを見せてくれるようお願いすると、気軽に応じてくださった。

床の間に案内され、長押の上に掛けられた、額装された一枚の絵を見せられた。どこかで見覚えのあるような、かつての會澤邸の絵である。しばらく考えみて、『義公史蹟行脚』の中に掲載された、御成り御殿の写真と同じ構図であることに気がついた。この絵には奥書があって、それには、

今歳昭和三年七月方《リテ》二 于義公誕辰三百年祭之時一《ニ》為《ル》二記念撮影一《ヲ》也。其會澤家中興之祖對馬之代始《メテ》 于被《ル》仰二付一威公御旅館一。以後累代如レ此事幾回以至《ル》二於烈公之時一《ニ》其《ノ》間御召《アリテ》 而更《ニ》厚遇亦屢《ナリ》。今装コ潢《シテ》 此図一《ヲ》而為《シ》二扁額一《ト》而掲《ゲ》二壁間一《ニ》以《テ》將《ニ》レ傳《エント》二 于後代一《ニ》。

とあり、昭和三年（一九二八）七月、義公生誕三百年祭に撮影した写真を絵にしたものであることが判明した。この文から、會澤家中興の祖に対馬と名乗る人がおり、その時から初代威公頼房の旅館を仰せつけられた。勿論義公の代も同様で、それは第九代藩主の烈公斉昭まで至ったとある。

だとすれば、會澤家の御成り御殿は、歴代水戸藩主が訪れた遺跡として、実に貴重な建物ということができる。万一に備えてであろうか、当主の會澤茂という人が、自ら筆を執って描いたのが、この一枚なのである。この他にも什器類数点も見せて戴くことが出来た。勿論その中には、義公時代のものと考えられるものもあった。

　まだまだ伺いたいこともあったが、忙しそうに仕事をされている中では無理なので、辞去することにした。それにしても偶然に現当主にお会い出来、次の機会を約束していただいたのは、大きな収穫であった。

　話は平成十三年の五月の日曜日に戻る。その日、會澤邸近くの「道城井戸」に行ってみた。義公が會澤家に出御のおり、そのお茶水に使われたという井戸である。現在の會澤邸を少し北に行ったところに、常陸太田市立北小学校入口の案内板があり、そこから五十メートルほど左に入ったあたりに、この井戸はある。現在も、地元の人々に使い続けられており、水が枯れたことがないと聞く。のども渇いていたので、備え付けの柄杓で水を汲んで飲んだ。普段水道の水を飲んでいる筆者にはなかなか味わうことが出来ない、美味しい水であった。覆屋を見ると、「道城井戸　徳川光圀黄

道城井戸

門公が天下野坂本に御成りの時御茶水に使用」という、案内板が取り付けられている。今もなお大切に使い続けられているのも、義公ゆかりの井戸として、地元の人々が、誇りを持っているからであろう。このようなところにも、今なお義公の余沢が残っているのを見たことであった。

(六) 高倉細谷家

元禄九年(一六九六)八月、義公は北筋を巡視するため、西山荘を立った。記録などから足取りをたどると、芦間から水府村(現常陸太田市)を流れる山田川に沿って北上し、天下野《けがの》、高倉、下ノ宮を経て、黒沢(現大子町黒沢)に至っている。

この巡視について『常山文集拾遺』に見える詩を日時順に拾ってみると、八月十四日に百百目木淵という所で遊び、同日夜には天下野で月を見た。十五日、十六日は下高倉、上高倉で月を見、十七日には下ノ宮(現大子町)に入ったようである。その天下野について、弓野氏の『義公史蹟行脚』には、次のような逸話が見える。

天下野の會澤家に宿泊した時、義公は当地の散々楽《ささら》を見物した。義公に誉められた散々楽連中は、江戸で「天下一散々楽」の看板を掲げ、市中を大威張で興業して歩いたという。ところが、天下一とは何事かと同業者から訴えられ、将軍の裁可を仰ぐほどの騒ぎになった。その鉾先は義公に向けられたが、義公は、「水戸藩内天下野村の散々楽であるから天下の一と云ったまでで、日本一という意味ではない。」と弁明したので一件落着となったというのである。

そうしてこの事件の辻褄を合わせるため、高倉村の地名であったこの地を、天下野村に改めさせたことが、天下野の地名の始まりであるともいう。面白い話ではあるが、事の真偽について、今となっては明かにはできない。

『加藤寛斎随筆』の中では「高倉村」の条を見ると、次のように記されている。

古名上高倉村と云、天下野村を下高倉と云。元禄年中、下高倉村を天下野と更ル時上ノ字を除と云。此村天下野境より小生瀬堺迄、里程二里八町アリ。天保御検地にて分村となる。又高倉の上下を加ふ。

要するに元禄年間、すでに高倉と天下野は分けられており、天保年間になると、高倉はさらに上下に分けられたのである。ところが一方で、同書「四郡村名沿革」を見ると、

高倉 古名上高倉 元禄十六改　　天下野 古名下高倉 元禄十六改

とある。下高倉が、天下野に改められたのは元禄十六年（一七〇三）とすればこれは義公薨去後のこととなる。また、『常山文集拾遺』中の「十四夜観月」の七言詩には「在天下野村」と註が付けられている。この七言詩は、元禄九年（一六九六）八月十四日の作と考えられるから、義公在世中に、すでに天下野村という村名は使用されていたことになろうか。今後の検討が必要である。

さて、八月十四日、百百目木淵に遊んだ義公は、川魚が泳ぐのを見て楽しんだ。『常山文集拾遺』に、次の七言詩が載せられている。

百百目木《どうめき》淵に臨みて魚を観る

天下野村窮水源　天下野村に水源を窮む
急灘觸石振雷犇　急灘《きゅうなん》石に觸れ、雷を振いて犇《はし》る
臨淵共樂游魚樂　淵に臨んで共に樂しむ游魚樂
莫敢依荘恵論論　敢えて荘恵《そうけい》の論に依りて論ずることなかれ

義公にとって、このあたりの重畳とした山並と、深い谷を流れる渓流の清らかさを見ることは、巡視中の楽しみの一つである。川を遡って水源を極めようとしたところ、どうどうと轟音をたてている流れがあった。足を止めてよく見ると、淵があり、魚が泳ぐのが見えた。その楽しみの中で「荘恵の論」を思い出したのであろう。

「荘恵の論」というのは、大森林蔵氏『義公漢詩散歩』によれば、荘子と恵子という人物が、魚が遊ぶのを見て、それぞれの立場からあれこれ論じていることを指しているという。今は余計な理屈を考えずに、眼前の光景を素直に楽しめばよいのだと、義公は詠んでいるというのである。

さて、筆者は今までに、和久の後藤勘兵衛家、天下野の會澤縫《ぬい》殿《の》助《すけ》家など、水府村にはいくつかの御成り御殿があったことを紹介して来たが、義公の詩を読んで、高倉地区にも御殿が残っているかも知れないと考えた。

そこで地元の人達に折にふれ話を聞いているうちに、それは細谷家ではないか、ということになった。筆者はこの地に極めて疎いので、水府村（現常陸太田市）の歴史に詳しく、文化財の維持保存に力を尽されている、町田区長の後藤進氏に教えていただき、高倉地区の細谷家に向ったのは、平成十四年（二〇〇二）十二月七日、義公命日の次の日のことである。

大体の見当をつけて行ったつもりが、いざ行ってみると、これが仲々難しい。第一人影が無い。仕方なく車を徐行運転して走らせていると、たまたま県道に向って急な坂道を下りて来る老夫人が眼に入った。これ幸にと車を止め、「このあたりで、昔庄屋さんをつとめた、細谷さんの家を御存知ないでしょうか。」と聞いてみた。すると偶然にも、その品の良い老夫人は、「うちがそうです。」といわれる。

雪の細谷家

偶然とは恐ろしいものである。この時ばかりは、捜しものがあちらからやって来た、という感じがしたものである。突然で失礼とは思ったが、訪問してよいかどうか聞いたところ、「今日はちょうどお父さんもいますから、良かったらどうぞ。」というので、細谷家を初めて訪れた。

細谷家は県道よりもかなり高い所にある。細い急勾配の坂道を上ろうとすると、車の腹をこすってしまった。大事には至らず済んだが、後で当主の吉男《きちお》氏に聞くと、この道路は一旦右に行き過ぎ、そこで車を廻してから左に上らないと駄目だそうである。細谷家に行くには、運転技術が要るのである。

初回でもあったので、まず細谷家の由来などを聞き、それから義公御成り御殿跡などを見せていただいた。吉男氏の話によれば、旧母屋は古くなって雨漏りなどもひどく、維持が困難になったため、平成元年（一九八九）に、今の建物に建て替えたのだという。義公当時の建物は相当大きなもので、実測すると南北十数間、東西は四五間ほどあろう。その一番北側に御成り御殿が付属していた。その東側には今でも古木が立ち、義公使用といわれる手水石がそのまま残されているという、いかにも風情のある場所である。

この時は、『義公史蹟行脚』の中の写真にある「井上村長邸」の蠟《ろう》の木を見る予定もあり、そのまま細谷家を辞した。この古木は写真入りで紹介されているので、恐らく今でも残されているであろうと考えてのことであった。井上家は直ぐにわかった。村人から聞いた目印の長屋門が、道路から見えるからである。丁度近くに人がいたので、いろいろ聞いていると、間近の畑仕事から帰って来る人が、井上家の夫人だという。近くに来るのを待って、義公時代の蠟の木について尋ねてみた。すると返事は意外なものであった。県道の拡張工事に伴って、天下野から高倉にかけ、崖などが至るところ削られていたが、その工事の一貫として井上邸の一部も削られ、義公の代に植えられた蠟の木も伐採されてしまったというのである。井上家では、これを切って良いものかどうか迷ったという。

御成り御殿跡

「歴史的な木でしたので、大変残念なことでした。」と筆者がいうと、「良く考えてから返事すれば良かったですね。」と夫人はいわれる。伐採がつい先頃と聞いて、さらに残念に思ったことであった。

先に、百色山や小島の鴨志田家の古木について述べたことがあったが、大木、古木の類は、今は邪魔であるから切ってしまおうというのではなく、それ自体文化遺産として捉え、保存の方法を確立すべきだと思われる。我々の父祖は、そのようなもの自体、価値あるものとして大事にして来たはずである。

次に細谷家を訪れたのは、翌十五年（二〇〇三）正月のことである。二月の水戸史学会での研究発表をひかえ、ふと考えて浮んだテーマが、義公の御成り御殿の現況報告であった。その

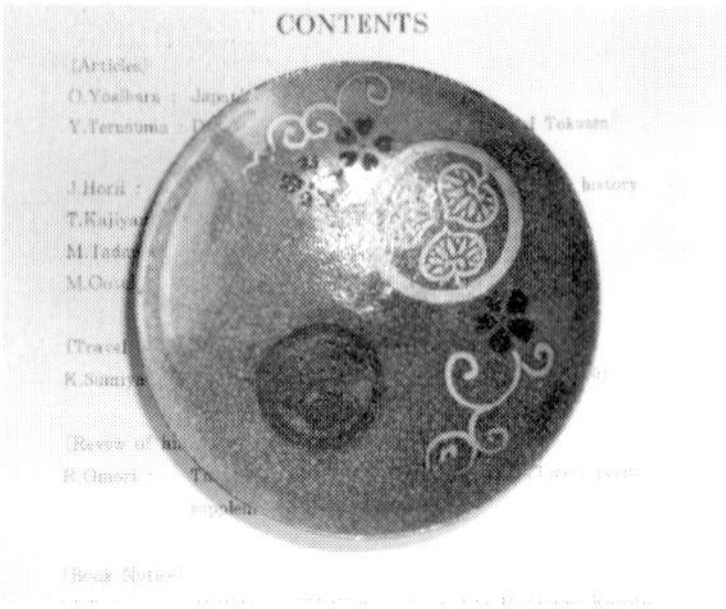

義公拝領の盃

為にも、何か細谷家の資料があれば心強い。旧母屋や御成り御殿などの写真でも残っていれば有難い、という思いで出かけた。この時も、吉男、かをる御夫妻は旧知の如く暖かく出迎えて下さった。二月の発表の事を話し、写真などが残されているかどうか、伺ってみた。すると、こんなものではどうかと、額に入った大きな写真を出して来られた。それは旧細谷家住宅の写真で、堂々たる構えの一枚であった。「これで充分です。是非使わせて下さい。」とお願いし、これをさらに写真に撮って、発表に使用することができたことは、何とも有難いことであった。

それ以後、暫く訪問の機会がなかったのは、筆者の父がこの年八月に他界し、何事も手につかなかったためである。気を取り直し、三度細谷家を訪問したのは、平成十七年（二〇〇五）正月のことである。久し振りの訪問にもかかわらず、吉男氏は、「貴方にいわれてからいろいろと資料を捜してみましたが、こんなものがあったので見て下さい。」といい、かをる夫人が桐箱の類を五・六箇出して来られた。何が出て来るのだろうと期待しながら、箱を開けてみる。布に包まれている物があった。その包みをそっと解いてみて驚いた。『加藤寛斎随筆』に描かれている、義公拝領と伝える盃であった。嵌入《かんにゅう》が見事に入り葵紋が金で描かれている逸品である。別の箱には櫛と簪があった。さらには裃の入った大きめの箱もある。これらも『加藤寛斎随筆』に描かれているものであった。

その他、烈公関係のものまであり、これらをすべて解明するには時間がかかるので、また次の機会ということにした。ただ、『加藤寛斎随筆』に載せられている、細谷吉兵衛宛に出された鈴木宗与の書簡を見たいと思ったが、手がかりとなるものは発見出来なかった。それは、

以書付申達候、明日天気能候へバ、此方御立、其許江被為成候、御泊之思召候間、無申迄候得共、随分掃除等をも能仕候様ニ可被成候、御上り物之事ハ御台所衆御先江越候半儘、御相談可被成候、明日可懸御目候間早々申進候、以上、

八月十六日　　　　鈴木宗与

吉兵衛殿江

とある書簡であるが、この年が気になっていた。最初は元禄九年（一六九六）とも考えたが、「明日天気能候へバ、此方御立」とあるのは、少なくとも一日の行程ほどの距離である。また元禄九年では、「天気能」と書く必要もないほど天候に恵まれていた。

そこで元禄十一年（一六九八）八月の行程を調べると、十六日には、義公は大子に逗留している。しかも、朝小雨であったらしい。そうして十七日には、「高倉村吉兵衛方逗留」となり、翌十八日には和久の後藤勘兵衛宅に入っているので、この書簡は、元禄十一年八月十六日、大子町付の飯村家あたりから出されたものであろう。この書簡からは、時には「御台所衆」が義公の巡視に加わっている

ことや、御成りの前には充分掃除をして置くようにとの注意があったことなどが伺えて、面白い。

こうした何回かの訪問で気付いたことがある。それは細谷家からの眺望である。東の方に望む山々は連なっていて美しく、そのうち正面には、釣鐘に似た山が二つある。ここから十五夜の月を見たら、どのような光景が展開するのだろうかと思った時、『常山文集』「巻之十三」の次の七言詩を思い出した。

十六夜月を看る　水字を得たり

今月既望偶遊此　今月既望《きぼう》偶《たま》ま此に遊ぶ

高倉山鐘丘壑美　高倉山鐘丘壑《きゅうがく》美し

昨夜清光留不留　昨夜の清光留るや留らずや

秋容速過東流水　秋容《しゅんよう》速に過ぐ東流の水

これは詩会での詠であるが、あるいは細谷邸で月を見た時の印象であったかも知れない。「高倉山鐘丘壑美し」いのは、ここからの眺望であった可能性が高いと思われるのである。月は満月、眼の前に連なっている山々はやさしく、その中には丸まった釣り鐘のような形のものもある。稜線はくっきりとしていて、月の光はどこまでも清み切って美しい。しかし秋はいつものように確実に深まり、そうして過ぎて行く。時に元禄九年八月既望。筆者がかをる夫人と荊妻と共に、細谷家の庭先でこれを追体験したのは、平成十七年（二〇〇五）九月十八日、満月の夜のことであった。

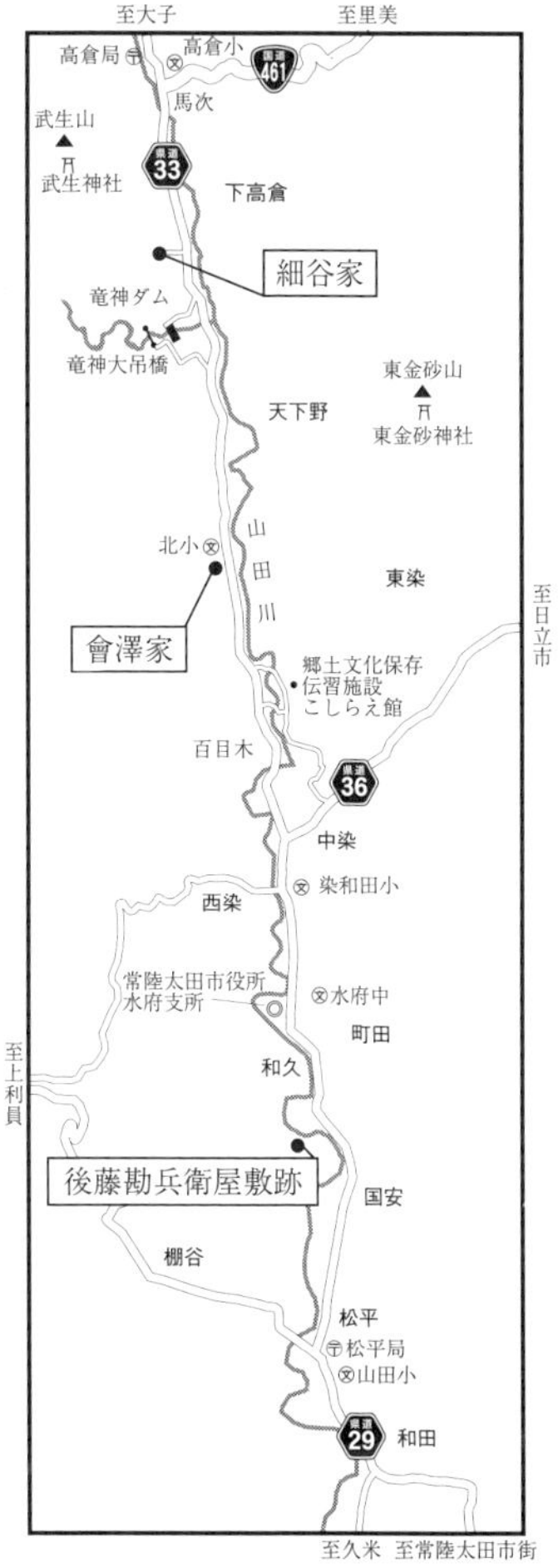

旧水府村周辺略図

(七)　徳田大森家・里川荷見家と安藤朴翁

元禄十年（一六九七）九月十八日、西山荘から里川に沿って北に向った義公一行は、小菅を過ぎ、大中、小妻から徳田方面に進路をとった。現在の国道三四九号線に沿った村々である。

『日乗上人日記』をみると、「大君北筋へ出御」とある。この日は徳田（現常陸太田市徳田）に一泊す

荷見家表門と母屋

るが、宿は大森傳五衛門の屋敷にあった御成御殿と思われる。この大森家については、『西山遺事俚老雑話』の中に「徳田村郷士大森傳五衛門新蕎麦献上之事」という記事が見えている。

ある年の八月十五日、義公が大森家を訪れた時、新蕎麦を差しあげたところ大変美味で気に入られ、それ以来「定式」となったというのである。徳田付近の蕎麦は格別「厚味」であったようで、その中でも君田産のものが最上とされていた。八月中の出来事だとすると、時期として考えられるのは、助川村（現日立市助川町）の長山半兵衛宅から磯原、君田方面に向った貞享四年（一六八七）八月、あるいは川尻方面（現日立市川尻町）から北に遊んだ、元禄五年（一六九二）八月のことであったろうか。

その御成御殿を訪ねようと、平成十四年（二〇〇二）の正月早々、三四九号線を北に向った。最初の目標は、大中神社の大鳥居の側にある里美村役場（現常陸太田市役所里美支所）である。受付の職員の方に当時の御成御殿の所在を尋ねると、それは里川という地区の、荷見家だという。そこで、とりあえず荷見家に行くことにした。職員の方が書いてくれた地図をたよりにさらに北上し、里川まで行

大森家旧母屋と御成り御殿のあった石垣

く。この地区は、三四九号線から右折し、山中の細い道を、君田方面に入ったところである。

行くと、荷見家は集落の中心里川公民館近くにあり、道路から少し左に上ったところに位置していた。立派な長屋門があり、その奥に母屋が山を背にして建っている。現当主は荷見泰男氏といい、突然の訪問に驚かれた様子であったが、来訪の目的を告げると、快く招き入れてくださった。早速挨拶を兼ね、このシリーズの抜刷りを差し上げると、そこから話がはずみ、女子教育の先駆者豊田芙雄女史などのことにまで及んで尽きることがなかった。

部屋なども見て良いという御好意なので、案内していただくと、荷見家の先祖が描かれている、狩野東雲の筆になる襖絵や、立派な梁などが目に付き、相当な格式を誇っていたことが伺えた。しかし、残念ながら義公時代の建物は失われ、今は無いという。

また泰男氏は『里美村史』を出して来られ、「ここに先祖が出ています」と示されたのは、安藤朴翁『ひたち帯』から引用した部分であった。安藤朴翁といえば、義公に仕えた史臣、安藤為実、為章兄弟の父にあたる人物である。後で調べてみようと思い、長居を謝して徳田に戻り大森家を探そうとした。しかし陽の落ちるのは速く、大森家を捜せぬまま次回を期することにした。

三月のある日曜日、大森家についての情報を耳にしたので、徳田の宿に向った。里美村役場（現常陸太田市里美支所）から五キロメートルほど行ったところにある、バス停あたりがそれであるという。行けば、現在の大森家は消防団詰所の近くにあり、西側に山を背負った、新築したばかりの大きな家である。その新築成ったばかりの大森家を訪ねた。

現当主は大森傳之進氏といわれ、早速御成御殿について、あれこれ尋ねてみた。それによると、新居の上の方にある旧い家は、明治三十一年の火災に遭って建てられたもので、義公時代の建物は、すべて焼失してしまったという。しかし旧い家を取り囲んでいる石垣は当時のもので、義公の御成御殿は、この石垣の上に建てられていた、といわれる。なるほど、石垣の上には、梅や松の苔むした古木が息づいており、僅かに往時を偲ぶことが出来る。

また傳之進氏によると、このあたりの山々はかつて紅葉の名所として知られ、秋ともなると全山色どりも鮮やかであったという。しかしその後、植林事業が進んで落葉樹は次第に姿を消して行き、杉や桧でおおわれた、現在の山容になったといわれた。

「あの辺は紅葉の美しさを残すのに、わざわざ植林しなかったところですよ。」と、傳之進氏は近くの高い山を指さされる。なるほど、頂上付近は何か所か、雑木で被われている場所がある。このあたりの集落は、義公時代と比べて大きな変化はないように思われ、全山紅葉の季節にはどんなに見事であったろうと想像したら、「あらしふくみ室の山のもみぢばは龍田の川の錦なりけり」の歌が浮かんだ。

所期の目的を達したので大森家を辞し、再びもと来た道を引き返し、水戸に戻った。

徳田宿から見た山々

荷見家から戻り、「口丹波史談会」発行の『ひたち帯』を開いて読み直してみた。安藤朴翁は、寛永四年（一六二七）四月十四日、丹波国尾口村（現京都府亀岡市千歳町）に安藤為明の長男として生まれている。曾祖父は伏見宮邦茂親王という方で、貴紳の出である。義公は寛永五年（一六二八）六月十日の生れであるから、両者は一つ違い、ほゞ同年といって良い。その朴翁の長男が為実、次男を為章といい、兄弟が水戸に出仕するのは貞享三年（一六八六）のことである。

『水戸紀年』を見てみると、

今年禮儀類典ノ編集ヲ命セラル。總裁ハ安藤爲實ナリ。署ヲ城中ニ置テ彰考別館ト稱ス。総裁一人考勘十五人書寫廿八人校合十人出納四人檢察三人也。

とあり、さらに、

爲實内匠ト稱ス。門地歴々御修辭アリ。高祖父邦茂ハ伏見親王邦輔ノ廣庶長子也。爲實多能ナリ。擊劍刺槍擧法琴笛皆ヨク熟セリ。和歌ハ古今集ノ祕ヲ傳フ。最典故ノ學ヲ好ム。佐々宗淳推擧ニ北國大侯ノ聘ヲ辭シテ來レリ。公殊遇アリ。書院番頭ニ列ス。又扶桑拾葉集ヲ修撰ス。

とある。これによれば、為実の招聘は『禮儀類典』の編纂のためといってよく、『大日本史』の編纂と並ぶこの事業の総裁に抜擢されたということは、義公の信任極めて厚いというべきであろう。しかも伏見宮家の血筋として有職故実に明るく、歌学にも通じているとなれば、朝儀復興を志願とする義公にとって、またとない、得難い人材であったに違いない。

また続けて、

右平爲章初新助と云。爲實ノ弟也。其從兄杢之進定輔モ來り仕フ。爲章和歌ヲ善シ、其才學兄ト伯仲ス。萬葉集注釋ニアツカリ屢々京畿ニ使シ、僧契沖ニ往來ス。契沖ノ説アリトイヘトモ公ノ發明尤多シ。爲章所著年山紀聞アリ。世多ク傳寫ス。

とあるから、弟の爲章も相当な学識を有し、僧契沖などとの交流もあって、万葉集の研究に相当な能力を発揮していたことが記されている。安藤兄弟の学問は、水戸藩修史事業の根本を支えるものといって良く、義公にとっては、極めて心強い存在であったろう。

その兄弟の父朴翁が水戸を目指すのは、元禄十年（一六九七）春二月のことである。京都を出たのは三月十二日、途中伊勢神宮に参詣し、荒居の関所を越え、品川の宿に着いたのが三月二十七日であった。以下『ひたち帯』から主なところを記そう。

江戸に着くと、四月一日に小石川水戸藩邸に招かれ、非常な待遇を受けている。義公の配慮によるものであろうか。四月四日水戸に向け出発、行徳、市川、木下と進んで香取・鹿島神宮に参詣し、汲上、夏海、大貫と来たところで、為章の出迎えを受けた。実に十数年振りの親子の対面であった。大貫からは塩ケ崎を経て水戸城下に入るが、当時の城下の構えや賑やかさは、「名古屋や和歌山にあひおなし」と記しているところが注意を引く。そうして、待ちに待ったであろう義公との対面は、六月十二日西山荘においてであった。

この日、為実、為章兄弟、従兄弟の定輔に案内され、朴翁は西山荘に向う。那珂川の渡しを越え、青柳、後台、菅谷、額田をぬけて久慈川を渡った。西山荘に着くと、入口あたりには梅、桃、桜などが植えられ、田んぼなどもあって鶴が一つがい放たれ、何となくシナ風のたたずまいであった。朴翁はそこで義公に対面したが、この時の印象を、

世の人泰山北斗のことくあふき奉る御名をよそなからきゝおよひまつらせしにあやまたす、威ありてのとやかにうや〳〵しうしてやすらかなる御容貌なり。

と記している。人というのは直接会ってみないとわからないとはよくいわれるが、この文章からは、

全くうわさ通りの義公の立居振舞に接した朴翁の、静かな感動が伝わって来る。

さらに、次のように朴翁は記す。

披髪長鬚野服瀟洒として、まことに塵外の御すかたすか〳〵しく見へさせ給ふ。

義公の出で立ちは、俗世間から離れて住んでいるところにいかにも似つかわしく、服装なども全く飾り気のない、奥ゆかしく質素そのものであった。

また西山荘はといえば、『源氏物語』の「末摘花」にも出て来るようなひどく粗末な家屋で、義公自らの意志とはいえ、中納言である人の隠居所としてはいかにも心痛むたたずまいである、と告白している。

翌十三日には、近くの正宗寺や瑞龍山を見学するが、瑞龍山にある義公寿蔵碑の文章を見て、

文武の全才ゆたかにして士をしたしみ民をめくみ礼に厚して奢をしりそけ、諌をもちひて佞をとをさけ、古をしたひて今をすてす。

と、非常な感銘を受けた様子を記している。敢えて想像すれば、義公の文章というものが、それまでの義公の言行や事蹟と見事なまでに一致していることへの驚きであろうか。朴翁は義公に共鳴し、共感したのであろう。

汝等さいはひにこの賢将の営中に属しぬれば、志をはげみ行をみかきて忠勤をおこたるべからず。

と為実、為章等をいましめ、かつ激励している言葉の中に、義公への全幅の信頼が感ぜられる。

九月二十二日、水戸にいる為実に一通の知らせが届けられた。冒頭に書いたように、徳田から君田方面に分け入った義公から、このあたりの紅葉が龍田山のそれにも優るとも劣らないので、朴翁にも是非見てもらいたいとの内容であった。義公自身は磯原にて待つという。

そこで翌二十三日、朴翁一行は早速水戸から徳田に向け出発する。青柳の渡しから太田、町屋、玉簾の滝、大中（現常陸太田市大中）まで行き、そこで一泊した。二十四日には小中、小妻を経て徳田村に歩を進めると、郷士大森傳五衛門が、途中まで出迎えた。

『ひたち帯』には、

西山公よりこの山のもみち見せ申へきよし命せられ侍るまま私亭へたちいらせたまふへきなといひてあないするにまかせしはらく休息しぬ。

とある。大森家では義公の命によって、充分なもてなしをしたことが伺える。そこからの紅葉は格別であったので、

もみち葉はこゝをせにせん露時雨そめて色こき徳田山かな

の歌と、

そめにけりもみちむらこの木々の末

の句を詠んでいる。この日は、徳田からさらに里川を経て君田まで行くが、里川において今度は、郷

士蓮（荷）見甚右衛門が待ち構えている。

　さきの大森かいひしやうにのへてわりなく肩輿をかれが亭へみちひきて又なにくれともてなしつゝ歌もよほす。

とあり、蓮見家でも歓待を受け、この辺りの山々の紅葉に、

　あらしふく峯のもみちをせきとめてからくれなゐをさらす里川

の歌を得ている。この後、朴翁一行は磯原に向い義公に閲するが、そこで待っている義公に会った朴翁は、龍田川の紅葉と徳田里川のそれを比べて、いづれが優っているとしたのであろうか。

　遠来の客に対して示された、大森家や荷見家の人々の真心のこもったもてなしや、義公の暖かい心遣いは、朴翁にとって生涯忘れ難い思い出になったことであろう。

(八)　河合神社と藤花

　ＪＲ太田線河合駅の踏切りを藤田十文字方面に渡り、直ぐに左折をすると、幸久幼稚園に至る。河合神社はちょうどその眼の前に鎮座している。『茨城県神社誌』によれば、御祭神は武甕槌神、創建は仁寿元年（八五一）二月九日とあるから、文徳天皇の御代にさかのぼる古い神社である。

　現在神社は、周囲を杉木立に囲まれている。鳥居の南側には藤が植えられ、棚がしつらえてある。『義

公史蹟行脚』では、当時松や藤は失なわれて無かったことが記されていることから、藤が植えられたのは、その後のことであろう。義公の時代には、四月ともなると松の木に藤花がからまり、見事な景観をなしていたことが、その七言詩からも想像される。現在神社の前には記念碑が建てられており、義公の七言詩が刻まれている。

河合神社

　河合村に遊び藤花を看る

蒙密藤花刺眼新　　蒙密《もうみつ》たる藤花眼を刺して新なり
垂枝帯雨紫雲匀　　垂枝は雨を帯びて紫雲匀《あまね》し
蔓松縷絡絲千尺　　松に蔓《まとわ》り縷絡《るらく》たり絲千尺
恨不繋留歸去人　　恨むらくは歸去の人を繋留せざるを

この七言詩は、『常山文集』（巻之十五）にあり、元禄十年（一六九七）四月一日のことと考えられる。

　藤の花が眼も鮮かに咲き誇っている。だらりと垂れた枝は雨にぬれてしっとりとし、匂うようであり、松の木にからまって長く伸びている。このような美しい景色も、江戸

神社前の義公詩碑文

に帰る人を止められないのは、恨めし
いことだ。

というような意味であろう。

『日乗上人日記』四月一日の条には、義公が「尊明公」を太田の木崎に出迎え、久昌寺に先導したことが記されていて、河合に藤花を見たという記事はない。しかし続けて「湊へ被為（成）也」とあるから、河合に出かけたのは「尊明公」を先導したすぐあと、この日のうちのことと思われる。

この詩にある「帰去の人」とは、当時江戸の史館編修であった鵜飼千之と多胡源三郎の二人であったことは、同じ『常山文集』（巻之十四）に、次の詩が載せられていることからもわかる。

鵜飼千之多湖直の江府に帰るを送る

鵠巣咍我拙　鳥禽共爲群
鵠巣《こうそう》は我が拙を咍《わら》い、鳥禽は共に群をなす

愷悌巌栖士　豈蒙紫陌塵
愷悌《がいてい》たる巌栖の士、豈に紫陌《しはく》の塵を蒙らんや

男子家四海　十方皆弟昆
剛節歳寒色　岡上松孤存

男子は四海を家とし、十方皆弟昆《ていこん》たり
剛節歳寒の色、岡上松孤り存す

この詩は湊御殿で四月二日に読まれたもので、二人を湊から江戸に送ったことであろう。元禄十年には、義公すでに六十七歳、詩に詠まれた鵜飼、多湖の両士は共に二十歳台の、新進気鋭の学者であった。またこの年は、義公にとって記念すべき年でもある。明暦三年（一六五七）、江戸駒込の藩邸に史局を開いてすでに四十年、『大日本史』編纂に精魂をかたむけて来た成果が、やっと陽の目を見るのである。

永年の懸案であった本紀列伝のうち「百王本紀」が十二月に脱稿した。その『大日本史』の編纂にたずさわっている若い史臣が、西山荘に在番近侍として閏二月から三月までの二か月あまり勤務し、今また江戸に帰るというのである。義公の胸中にさまざまな思いが去来していたと想像される詩であるが、特に若い二人の学者に期待することもはなはだ大きかったに相違ない。詩の大意は、

周囲がどのようにあろうとも、有徳の君子たらんと志す者は、心を潔白に保つべきであり、どうして世間の塵などに染って良いものであろうか。男子と生まれたからには、天下の士を友とすべきであり、節操の堅いこと、あの岡の上に卓然と特立している松の青々としているようでありたい。

ということであろう。この詩から、義公の修史の目的が奈辺にあるかを考えることができるが、その

河合神社前の久慈川の流れ

志の高くおもむくところ、「千万人といえども我行かん」の気概も伝わって来るようである。

また『梅里先生碑陰幷銘』の中に、「皇統を正潤し人臣を是非し輯めて一家の言を成す」の一文があり、後に義公の修史事業の本意を察した藤田幽谷が、

我が西山先公、嘗て是非の迹、天下に明かならず、而も善人勧むる所無く、悪者懼るる所無きを憂ふ。乃ち慨然大日本史を修めて上は皇統の正閏を議し、下は人臣の賢否を辨じ、帝室を尊んで以て覇府を賤み、王朝を内とし以て蕃國を外とす。蓋し聖人経世の意に庶《ち》幾《か》し。

と『送原子簡序』に述べたように、修史にたずさわる者の心構えをも若い史臣に伝えようとしている詩であるとの印象さえ受け、義公最晩年の心境の一端を垣間見る思いがする。

参考までに、鵜飼千之と多湖源三郎の水戸藩出仕後の略伝を記しておこう。

年号（西暦）	月	事項
元禄六年（一六九三）	四	鵜飼千之、粛公に仕え金壱枚四人扶持右筆史館編集
九年（一六九六）	八	多湖源三郎、金三枚四人扶持右筆史館編集。
十年（一六九七）	十閏	鵜飼・多湖、経書講釈仰せつけられる。鵜飼・多湖、御機嫌
	二	伺いとして西山荘へ発足。
	四	義公、「河合村藤花を見る」詩作る。
		鵜飼・多湖、西山荘より江戸に帰府。
十一年（一六九八）	十二	「百王本紀」脱稿。
十二年（一六九九）	三	「百王本紀」編集でき、鵜飼・多湖、絹壱疋褒美頂戴する。
	二	鵜飼、馬場講釈仰せつけられる。
	三	鵜飼、病気にて江戸へ保養に行く。
十三年（一七〇〇）	七	多湖、馬場講釈仰せつけられる。
	一	多湖、二百石給せられる。
	二	多湖等、「三伝」編集につき絹一疋ご褒美。
十四年（一七〇一）	十一	多湖、金町に引っ越す。
十五年（一七〇二）	十一	鵜飼、帰府。金壱枚三人扶持で再勤務。
	二	多湖等、「近代諸士伝略」編集。絹一疋ご褒美。
		多湖、美濃へ百日の御暇発足する。
	三	鵜飼、岩舟譲光院殿へ読書指南に行く。
	十	鵜飼、老母煩いにて百日御暇拝領する。
	二	鵜飼、恵明院殿詩會に参会。

宝永五年（一七〇八）	九	多湖、進物番となる。
	十	鵜飼、杉山の新屋敷を下される。
正徳三年（一七一三）	二	多湖、三十七歳で歿す。
享保十年（一七二五）	九	鵜飼、五十三歳で歿す。

翌元禄十一年（一六九八）四月にも、義公は藤の花を見に河合を訪れている。

『日乗上人日記』には、

　今日石塚を御たちありて八幡瀬といふ所より御舟をめすも下河井にて藤の花残りたるを御覧ありて御酒すこし参る。ここにて人々歌作れと仰ありて御前にも御歌ありし。

とあり、この時は、石塚（現東茨城郡城里町）からの帰りに八幡瀬というところまで行き、久慈川を舟で下って、河合に着いたのであろう。晩年には特に、藤の花の美しさに心惹かれたように思われる。

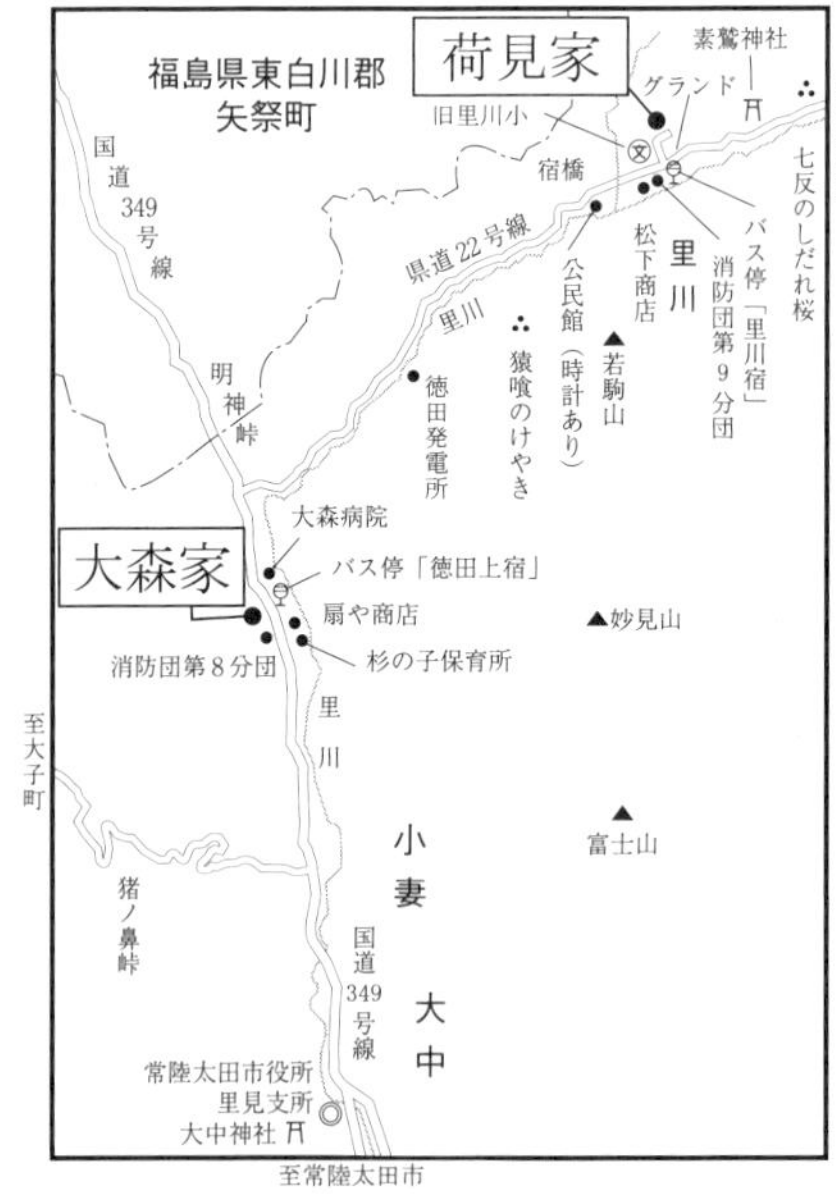

旧里美村周辺略図

(九) 常陸太田久昌寺

常陸太田市西二町には郷土資料館があり、常時、義公や烈公関係の史料が展示されている。このあたりは比較的古い建物が残されているので、今でも風格ある街のたたずまいを感ずることができる。資料館脇は、真直ぐ下る急勾配の坂道で、県立太田第二高等学校へ通じ、いかにも城下町という雰囲気である。ゆっくり下って行けば、何となくなつかしささえ覚えよう。

その太田二高の北隣に、重厚な伽藍を構えて建つのが久昌寺である。久昌寺への入口はいくつかあるが、太田二高の北側の、細い参道を登って行くのが一般的である。車で行くと、急勾配のカーブがあるので、注意が必要である。境内に入ると、本堂が東を向いて建ち、常陸太田市街地を一望出来る、景勝の地である。右手には、瑞雲閣と呼ばれる、講堂を兼ねた大きな客殿が並ぶ。また本堂前には、「遶久遶昌」と大きく染め抜いた、題字のある石碑が眼を引く。水戸徳川家第十三代、圀順公の染筆である。

筆者が取材を目的に久昌寺を参拝したのは、平成十七年（二〇〇五）、十二月二十五日のことであった。もっとも、久昌寺を訪れたのはこれが最初ではなく、最近では、この年八月の「三昧堂講座」や、寺の裏の高台にある義公廟の開扉の時などと、しばしばである。しかし今回は、寺の御住職に、あらためて寺の歴史について伺おうとしたものであった。現住職は、神部日曠師である。年末の忙しい

久昌寺本堂

中、わざわざ時間を割いていただき、しかも丁寧に応対して下さった。以下はその時受けた、説明の要約である。

久昌寺は、家康公の側室であったお萬の方の菩提を弔う為この地に建てられた、蓮華寺という寺がその基になっている。お萬の方の子が、紀州和歌山藩初代徳川頼宣公、水戸の初代藩主徳川頼房公である。

頼房公の側室靖定夫人、即ち義公の生母お久の方は、お萬の方の感化を受け、法華経の信者となった。その靖定夫人は、禅那院日忠上人に厚く帰依し、水戸城下にお寺を建てた時、日忠上人をその開基とした。寺の名を深大山禅那院経王寺と名付けたという。

寛文元年（一六六一）、靖定夫人が亡くなると、義公は追慕の念止み難く、追善供養のために約五年の歳月をかけて、久慈郡稲木村（現常陸太田市稲木町）に七堂伽藍を建てた。それが、靖定山妙法華院久昌寺である。

当時隆盛を誇った寺も、明治になると、初年の廃藩置県によって財政的基盤を失い、廃仏毀釈の余波も受けて荒れ果ててしまう。そこで、やむを得ず末寺であった蓮華寺と合併し、あらためて久昌寺と称して現在に至っている。

即ち、この説明から知られるように、現在の久昌寺はもと蓮華寺であり、旧久昌寺は稲木にあったのである。そこで家に帰ってから文献にあたり、久昌寺の由来について調べてみた。『桃源遺事』（巻之一上）をみると、

同十一月十四日、御母（谷氏、御名ハひさ、御法号九昌院心周日勾。）御逝去被成候。（御年五十七）御遺骸水戸御城外靖定山久昌寺（初ハ号深大山經王寺。開山ハ禪那院日惠上人中興ハ日隆僧正）にて御葬、厚き御法事とも有之。其後延宝五年丁巳御墓を瑞龍山へ御移被遊、右之御寺を常州久慈郡稲木村へ引移し給ふ。堂塔唐製《カラヤウ》本式に御建立、法式悉御改正、役者十坊（院号略す。惣裁号魔訶衍菴）三時勤行なさしめ、（都て俗法にあらす。大やう黄檗寺に似たり。）且談林を附給ひ、來會《キタリツトフ》所化に月俸《フチカタ》を給ふ。委く附録に見えたり。此時御歳三十四。

とあり、また同書（巻之三）には、

御母久昌院殿の御爲に久慈郡稲木村久昌寺に佛殿・法堂・位牌堂・多宝塔・方丈・金堂・鐘樓・鼓樓・垂跡堂・山門・厨庫・浴室等本式の通建、法式御改、役者を御附、日々三時の勤行怠りなく、且法華懺法等及ひ音樂まで稽古仰付られ候。

又御年忌の節ハ法華千部の御法事、其外法花懺法十種供養、音樂・和歌の披講等、さま〳〵の御供養被成候。

とあるから、生母久昌院の菩提を弔うために建てた久昌寺は、仏殿、法堂など仏寺が本来持つべき施

設をすべて備えた伽藍配置を有していた。さらには法式を改め、音楽の稽古、和歌の披講を行い、後には寺の規則となる「清規《しんぎ》」まで定めていたことは、仏教政策として注目すべきものを含んでいる。今後の研究が待たれよう。

久昌院忌日の法事は、三日間にわたり盛儀であったことは、『日乗上人日記』からも知られる。元禄四年（一六九一）十一月十二日の条を見ると、

久昌院大姉月忌今日法事始る。

法事過て西山へ参りて御成の事もよおす。

などとあり、この日の法事の後、日乗上人は義公の「御成」の次第について西山荘へ打ち合わせに行っている。同月十三日の条では、

今日四つの比御成とて人々いそしくものらうかはし。巳の過る比公御成。山道予が後の岡よりならせらる。

とあるから、義公は西山荘から山道を南へと抜け、久昌寺の裏手から入寺したものと思われる。そこには、十坊の総裁を勤める日乗上人の魔訶衍庵《まかえんあん》があった。ここで威儀を正し、仏殿へと進んだのであろう。

十三日には、義公の身辺の世話をする「女ばう」など十人ほど受法しているが、久昌院の菩提を弔うため、特にこの日を選んだのである。「御孝行の事今にはじめぬ事なれど、いづれも感心しあへり」

と、いつもながら義公の親孝行には感心している様子が伺える。この日の「導師」には「皆如」とあるから、日乗上人が儀式を主催していたことも知られよう。

翌十四日は久昌院の忌日当日である。

卯の下御成、御ゑぼし、御どうふく、御さしぬき、御供奉三木源八郎、秋山村右衛門、布衣ニ指貫して御大ち持、三木源八郎御拝席のやく也。大森弥衛門其外あまたありし。

とあるように、義公は正装のいでたちで威風堂々、多くの従者を引きつれ法事に臨んでいる。以後元禄十三年（一七〇〇）の薨去に至るまで、毎年のことながら母久昌院への追慕の念は、決して止むことがなかったのである。

さて、稲木にある久昌寺跡については、筆者は余りよくは知らなかった。これを機に調査してみようと考え、平成十八年（二〇〇六）正月五日、急に思い立って、常陸太田市に向った。頼りにしたのは、郷土資料館でもらっておいた『太田散策図』である。

市内の名所旧跡が載っている地図を頼りに、三昧堂《さんまいどう》檀林跡に建つ県立西山研修所前を通り過ぎ、山あいの細い道を西に入ろうとした。すると、ジョギングをしている、ある老人に出会った。久昌寺跡に行く道を確かめようと、車を下りて声をかけてみた。「久昌寺跡に行く道は、曲り角がわかりづらいよ」といって、老人はその曲り角の見えるところまで連れて行ってくれた。聞けば太田市内の人で、毎日この周辺を回って体を鍛えているのだという。礼をいって別れた。

旧久昌寺跡と碑文

なる程、曲り角はわかりづらかった。つい行き過ぎてしまった。少し戻って田んぼの中の細い道を道なりに行くと、正面高台に碑が見える。初めての人でも、そこが久昌寺跡であることは、容易に察せられよう。車を止めて近づくと、「旧久昌寺跡」の案内板がある。その一部を引用してみよう。

往時の久昌寺は、堂塔十二宇、末寺八か寺、寺領三百石を有し、付属の三昧堂檀林（禅僧《マ》の学《マ》校）が建てられ、北関東における日蓮宗の法城であった。明治維新の際荒れ果ててしまったため、明治三年（一八七〇）わずかに残る久昌寺の宝物と宝塔とをもって、末寺の一つ蓮華寺と合併（以下略）。

とある。堂塔十二宇、寺領三百石といえば、水戸藩内においては古内の清音寺、大洗の願入寺とほぼ同等の大寺院である。それに檀林が付属したとなれば、久昌寺は藩を代表する寺ということになる。義公が三昧堂檀林を設けたことは、相当深い意味があったといわなければなるまい。檀林とは僧侶の学問道場のことで、案内板に「禅僧の学校」とあるのは何かの間違いであろうか。

遠くから見えた石碑は、案内板の隣りにあった。表には「久昌寺遺跡」と雄渾な字で刻まれている。題字は近衛文麿公、碑が建てられた時の宰相である。裏面を見ると、久昌寺の由来が刻まれているが、「皇紀二千六百年」とあるから、昭和十五年（一九四〇）の建碑であろう。なお石碑の材質は、水戸偕楽園の名水吐玉泉の台に使用されているものと同じで、常陸太田特産の寒水石である。

当時の久昌寺の大伽藍は、この奥に位置していたらしく、行ってみると平坦な地形をしていて広い。中心部はまさにここで、仏殿、法堂、位牌堂など十二の堂塔が甍を並べ、威容を誇っていたことであったろう。しかし現在、そこは墓地である。この時ばかりは、由緒ある久昌寺跡が墓地であったことに、筆者は奇異の感さえ抱いたものである。

気を取り直し、山の木々に囲まれた久昌寺の伽藍跡に立って、しばし往時を回想した。さて帰ろうとすると、東側に洞穴のようなものが見えた。中に入るとそれは人が立って歩ける大きさの通路であった。これが摩訶衍庵《まかえんあん》に通ずる小道であったのであろう。西山研修所の玄関に飾られている三昧堂檀林の旧跡図にも、この通路のようなものが描かれている。そうだとすると、義公もかつてはこの通路をくぐったことになる。何とか摩訶衍庵跡に近づこうと試みたが、周辺は人手の入らない荒地となり、篠竹などに行く手をさえぎられてしまっている。とても行ける状態ではないので、行くのを断念した。かつての久昌寺の威容は全く失われたのである。

その帰路、再び現在の久昌寺を訪れた。久昌寺本堂裏の高台にある義公廟を拝し、常陸太田市街を

現久昌寺裏の日乗上人墓

遠望して、墓地の間の小道を本堂に向った。本堂裏にひときわ高い、古めいた墓石が見えた。よく見ると、それがお萬の方の墓で、案内柱が建っている。その北側には、歴代住職の墓が並んでいた。一つ一つ名を読みながら拝して行くと、日乗上人の墓石を見つけることが出来た。天和三年（一六八三）の久昌寺の開山以来、義公に仕えること二十余年、摩訶衍庵主として全山を統轄して、久昌寺経営に尽力し、なおかつ己を持すること高く生きた僧は、ここに眠っていた。

義公に重用され、信任も極めて厚かったので、元禄六年（一六九三）正月には、蓮華寺住職の兼職も命じられている。師は、自ら持すること高く厳しかった京都深草の元政上人であった。日頃『日乗上人日記』を読み返している筆者には、その元政上人の教えを堅く守り、ひたすら仏道の為に、あるいは後進の指導にと心を砕いている上人の生き方は、感嘆すべきものであった。日乗上人の徳を思い、心から冥福を祈って山を辞した。

(十)　耕山寺と楠木正勝

瑞龍山にある水戸徳川家の墓所入口を左に下ると、山づたいに細い道が続いている。その道を国見山に向って約一キロメートルほど上ったところに、曹洞宗広沢山耕山寺はある。かつて曹洞宗をおこした道元禅師は、越前の山奥、深山幽谷の地永平寺に、修業の道場を開いたが、耕山寺も同じ趣のある、清浄の地である。

耕山寺参道

寺の現住職は、第四十二世松浦博道師である。聞くところによると、師は最近まで横浜で会社づとめをされていたが、故郷の寺を嗣ぐため永平寺で修業され、帰山されたばかりといわれる。

義公がこの寺を訪れた日時は、寺が何度か火災に遭い、史料が焼失してしまって明確にできないという。『常山文集』（巻之十二）には、

耕山寺に遊ぶ

耕山禪窟淨無塵　　耕山の禪窟淨らかにして塵無し

游客跡稀啼鳥馴　　游客跡稀にして啼鳥馴る
風冷谷寒花尚未　　風冷く谷寒く花尚未《なおいま》だし
僧房三月鎖陽春　　僧房の三月は陽春を鎖す

という七言詩が載せられている。春まだ浅い日にこの寺を訪れた義公が、その清浄なたたずまいに感じて詠んだものであろう。平成二年（一九九〇）に新築成ったという本堂にも、この詩は掲げられていた。

『日乗上人日記』を見ると、二度訪れた日が確かめられる。元禄五年（一六九二）二月二十日と同十年（一六九七）二月二十四日の二日である。

また『常山文集補遺』には、

　　耕山寺觀音薩埵像背書
智泉大和尚隨身金銅觀音薩埵像
加二荘巖一安二于澤山耕山禪寺正殿一云
　元祿之歳　源光圀　印

とあり、元禄年間に、住職智泉薫長禅師が所持していた金銅製の観音菩薩像を修理し、正殿に安置したことがわかる。

春の耕山寺本堂

松浦師からいただいた寺の『沿革史』を見ると、第二十二世に智泉薫長禅師があり、『西山過去帳』にも、元禄八年（一六九五）三月二十五日に、七十三歳で禅師が示寂したことが記されていることからみても、義公と親交があったといわれているのは、智泉禅師に間違いないと思われる。

寺の歴史は、亀山天皇の御宇、文永四年（一二六七）那珂郡檜沢村（現常陸大宮市檜沢）に、広沢山陽雲寺が佐竹長義によって開創されたことに始まるという。一時衰えたが、応永三十一年（一四二四）、越後村上にあった霊樹山耕雲寺の傑堂能《けつどうのう》勝《しょう》大和尚が、陽雲寺を耕雲庵として再建した。

さらに永享五年（一四三三）南英謙宗大和尚は、久慈郡新宿村山吹岫（現常陸太田市新宿町）に伽藍を建立、南陽庵と改称して、一山を移転させた。その後文明七年（一四七五）、第八世三陽元

傑堂能勝墓

泰禅師は、久慈郡沢山村（現同市瑞竜町）に移転を決定し、第十世大通銓浦禅師の時になって、山号を「広沢山」、寺号を「耕山寺」と改め、現在に至ったという。

杉浦師によると、この寺の開山とされているのは傑堂能勝《けつどうのうしょう》禅師であるといい、寺紋は開山以来、菊水紋を使用しているという。寺の東側高台に歴代住職の墓が整備され、それも案内していただいたが、その中に、際立って古色蒼然とした墓があった。この墓が傑堂能勝禅師のものであるということである。

『太平記』において、

そもそも元弘よりこのかた、かたじけなくも此の君にたのまれまゐらせて、忠を致し功に誇る者、幾千ぞや、しかれども此の乱又出で來て後、仁を知らぬ者は朝恩を捨てて敵に属し、勇無き者は苟くも死を免れんとて刑勠《けいりく》にあひ、智無き者は時の変を弁せずして道に違ふ事のみありしに、智仁勇の三徳を兼ねて、死を善道に守るは、古より今に至る迄、正成程の者は未だ無かりつるに

（後略）

と絶賛されたのは楠木正成であるが、傑堂能勝禅師はその孫、楠木正勝であるというのである。父は正成の第三子正儀《まさのり》、正勝はその嫡男であるという。

そこで『大日本史』を開いてみると、「列伝第百四」に正勝の記事がある。

子正勝は右馬頭となり、父卒するに及びて其の衆を領し元中九年春、畠山基国と千剱破《ちはや》城に戦ひて克たず（中略）是の年南北講和して帝京師に還幸したれば正勝鬱々として志を得ざりき。とあり、応永六年（一三九九）夏、大内義弘を援けて、足利義高と戦ったがそれも敗れ、

徒死せんは益なし。降を乞はんは亦吾が恥づる所なりと。乃ち兵を引きて大和に走りたり。（中略）終はる所を知らず。

と記している。正勝が仏門に帰依した事情も自ら察せられよう。

義公がこの寺を訪れたのも、正勝が元中九年（一三九二）千早城で戦った丁度三百年後、元禄五年（一六九二）というのも何かの因縁であろうか。

㈩　正宗寺と雷啓和尚

ＪＲ常陸太田駅から西バイパスをぬけて旧水府村方面に進路をとり、源氏川に沿って約三キロメートルほど行くと、道路の右手に道標が立っている。それには「臨済宗円覚寺派、萬秀山正宗寺《しょうじゅうじ》入口」

とあり、源氏川の清流にかかる木橋を渡ると、直ぐに山門に至る。山門は禅宗様式の四脚門で、室町時代の様式といわれ、県内でも立派なものである。本堂はといえば、昭和六十三年（一九八八）に落慶法要が営まれたばかりの、新しい堂々たる建物である。いかにも禅宗の寺院に相応しい。

寺の歴史は古く、延長元年（九二三）、増井の里に増井寺として創建されたことに始まるという。今日の正宗寺の基を築いたのは、佐竹氏第十代義篤《よしあつ》の異母兄であった、月山周枢《がっさんしゅうけい》である。寺の略歴等を示すと次のようになる。

年号（西暦）	関連事項
延長元年（九二三）	平良将、律宗増井寺を創建する。
永承六年（一〇五一）	源義家、真言宗に改め、大瑞山勝楽寺とする。
貞応二年（一二二三）	佐竹秀義、勝楽寺内に正法院を開く。
弘安八年（一二八五）	佐竹行義、南明山正法寺を建立する。
延元元年（一三三六）	那珂通辰、独松峯で一族三十四人（一説には四十三人）と自刃する。
興国二年（一三四一）	月山周枢、夢窓国師を開山とし、臨済宗正宗庵をおこす。
慶長元年（一五九六）	勝楽寺焼失する。
天和三年（一六八三）	義公、「諸家系図」を正宗寺で閲覧する。
元禄三年（一六九〇）	正宗寺第三十世雷啓和尚入院式行はれる。
元禄九年（一六九六）	雷啓和尚、円覚寺住職となる。
天保九年（一八三八）	正宗寺焼失する。
昭和六十三年（一九八八）	本堂落慶法要営まれる。

義公がこの寺を訪れたのは、天和三年（一六八三）が初めてかと思われるが、元禄三年（一六九〇）に雷啓和尚が入山してからは、特に交流が頻繁となったようである。同四年（一六九一）、義公が源頼義、義家の祠堂を旌櫻寺につくり、儀式を行ったとき導師をつとめたのが雷啓和尚であったのも、その一例であろう。『常山文集』を見ると、義公が正宗寺などで詠んだ漢詩が数首確かめられると同時に、雷啓和尚との詩のやりとりも多く認められる。

『常山文集』（巻之十二）に載せられている七言詩を引用してみよう。

正宗寺本堂

垂絲櫻　勝楽寺雷啓禅師の韻に和す

錦繍工縫不見縫　　錦繍工《たくみ》に縫いて縫を見せず
高懸瓔珞露香濃　　高く瓔珞《ようらく》を懸げて露香濃《こまやか》なり
千絲委地玉輕擧　　千絲は地に委ねて玉輕く擧がり
一朶屯雲白淡籠　　一朶雲を屯《あつめ》て白淡籠る

旧勝楽寺の境内で行われた詩会の席で、義公が雷啓和尚に和したものであろうか。見事に織りあげた錦繍の着物のような枝垂れ桜の美しさが、眼前に浮かぶようである。

その雷啓和尚も元禄九年（一六九六）になると、鎌倉円覚寺の住職となって正宗寺を去ることになる。これを祝って、義公は早速送別の宴を催した。『常山文集拾遺』の中に、その時詠んだ七言詩が載っている。これには、

雷啓和尚新に圓覚寺を命ぜられる。五月十日宴を設けて之を賀す。席上題を探りて詩歌を賦す。予衰柳を得たり

との詞書きがあり、七言詩は次のように詠んでいる。

東門疎葉病枝垂　　東門の疎葉《そよう》病枝垂る
風撥三眠顰翠眉　　風は三眠《さんみん》を撥《ひら》き翠眉《すいび》顰《ひそ》む
濯々王恭今也老　　濯々《たくたく》たる王恭《おうきょう》今や老いたり
美姿惟悴先秋衰　　美姿惟悴秋に先だちて衰う

晋の王恭という人物は、その姿態極めて美しく、春の月の中の柳のようであったという。王恭が神仙中の人といわれた故事をふまえ、衰柳のように人の老いの必然であることを説く。しかし同時に、人間の充実というものは、日月の積み重ねによって得られるものだという、義公自身の心境を詠んだ

ものであろうか。またそのことは、同時に、雷啓和尚への送別の辞になっているようにも思われる。時に義公六十九歳、雷啓和尚四十五歳のときのことである。

また正宗寺周辺には義公に関連したさまざまな史跡が存在するが、ここでは、佐々宗淳《むねきよ》と那珂通辰について述べてみよう。

佐々宗淳といえば、『大日本史』の編纂に義公を補佐した人物として、有名である。延宝二年（一六七四）九月に義公に仕え、後には彰考館の総裁にまでなったあの「介さん」である。但野正弘氏著『新版佐々介三郎宗淳』によると、その父は加藤清正に仕え、後に大和の宇陀に住んだという。宗淳は十五歳の時、父の命によって京都の臨済宗妙心寺に入り、禅僧としての修行を始めた。しかし当時の仏教界の風潮や教義に飽き足らず、延宝元年（一六七三）遂に還俗したという。宗淳三十四歳の時のことである。

佐々宗淳墓

義公に仕えてからの宗淳は、文字通りその手足となって活躍し、全国各地に史料探訪に出かけること数度に及ぶ。就中、貞享二年（一六八五）には江戸を出発して、大坂、瀬戸内海、九州一円に及び、福井・名古屋を経て江戸に戻るという、大調査を敢行している。

『桃源遺事』（巻之二）に、

西山公わかき御時より御學問を御好ミなされ候に付、高貴の御方〳〵は申に及はす、下賤のものにてもまれなる書籍所持のきこえあれば、深く御懇望あそはし、或ハ金銀をつくして求給ひ、又は御家士をあなたこなたと遠國他郷へ遣され、多くハ佐々介三郎をつかハされ候。半帋《はんてい》一行の反古《ほご》までも見分に随て拾収せさせ給ひき。

とあるのはそのことである。

やがて元禄九年（一六九六）になると、史館総裁を引退、西山荘不老沢に居を構え、小姓頭として義公に仕えたが、元禄十一年（一六九八）六月三日その生涯を終えた。時に五十九歳であった。墓は、当時の勝楽寺境内に造られたというが、現在の正宗寺西側の、小道を北に辿ったところに位置している。また墓石には「十竹居士佐佐君之墓」と刻まれ、側には、同僚であった安積澹泊の撰文による墓碑も立っている。

次に、那珂通辰《みちとき》は、南北朝時代に活躍した武将である。現在の城里町那珂西に、宝幢院《ほうどういん》という真言宗の古刹があるが、その地が那珂氏の居城那珂西城といわれ、県史跡に指定されている。通辰の居城について、吉田一徳博士の『常陸南北朝史研究』では、現在の常陸大宮市那賀の地を比定しているが、この戦いによって那珂氏が滅亡した後、佐竹氏の勢力が小瀬の地に浸透して行ったことなどから判断すると、一考の価値があるといえよう。

那珂氏の出自はといえば、平将門が横暴を極めた時、これを討ったのは下野押領使藤原秀郷であったが、その後裔といわれている。太田城主であった小野崎氏などと同祖である。通辰は、建武二年（一三三五）足利高（尊）氏が叛すると、鎮守府将軍北畠顕家に従って、足利方の将佐竹貞義を甕の原（現日立市水木町）に破った。さらに京都まで進撃し、功績抜群であったため、後醍醐天皇より菊の御紋を賜わって帰国した、と伝えられている。

那珂一族の墓

当時瓜連城には、楠木正成の一族である楠木正家が、陸奥・常陸方面の経略を指揮しており、通辰も南朝方に協力し活躍していた。延元元年（一三三六）十二月になると、金砂城に拠る佐竹義篤が攻勢に出て、瓜連城が落城する。通辰の奮戦も効なく、戦い利あらずして、一族三十四人（一説には四十三人）、勝楽寺裏の独松峯で自殺した、と伝えられている。

その場所は誉田村大字増井（現常陸太田市増井町）、旧国保年金保健センター「ときわ路」東側の林の中、「一本松の碑」が立っているところである、という。墓はそれより南に下った、当時の勝楽寺伽藍東側にある、南明山正法寺開山堂の、真うしろの地に営まれたのである。なぜ正法寺に営んだのか、史料がないのでなぞであるが、南朝方の将兵を、足利方についた佐竹氏の庇護下にあったこの地に葬るというのは、何か事情があるようにも思える。

また、『大日本史』には那珂通辰の活躍は見えておらず、史料の不足が記述を断念させたのであろうか。墓に至る道筋は、案内板があるのにもかかわらず、なかなかわかりにくいし、墓域は白い柵に囲まれ、一応整備されてはいるが、何かもの足りない。八月のお盆近くになると、近くの農家の方が那珂通辰一族の霊を慰めているのであろうか、花や灯籠があげられているのが、せめてもの救いである。

現在、正法寺跡には池や礎石が残されているのみで、西側にあった勝楽寺ともども、伽藍は跡形もなく、かつての栄華をしのぶものはまったく無い。

なお、正宗寺には寺歴からも想像されるように、多くの文化財が収蔵されており、毎年十月の第三土曜日と日曜日には、「曝涼《ばくりょう》」が行なわれることになっている。その中には、雪村の初期の絵とされる「滝見観音図」、正宗寺を開山した夢窓疎石や月山和尚の頂相《ちんぞう》、義公が補修した記録のある「正法院」の勅額などがある。地方寺院としては有数の文化財を有しており、一見の価値があるといえよう。

(十二) 旌櫻寺観花

旌櫻寺《せいおうじ》は、水戸徳川家の墓所瑞龍山の近くにある。寺といっても今は廃寺となり、僅かに小堂をのこすのみで、地元の人でもなければ、その名すら忘れている。旗櫻寺の名の由来は、『義公遺事』によると、次のようにある。

旗櫻寺ノ旗櫻ハ、傳ヘ云、頼義・義家奥州ヨリ御上リノ時、此處ニ旗ヲ御留メ、櫻ノ木ノ御旗棹ヲ御挿被」成候ニ、活シ、大木ニナル由、今ノ八幡瀬御渡リ、此ヨリ御上リノ由、中傳候也。只今右ノ櫻無類ノ大木、寺庭三四十間四方ニハヒコルナリ。其ノ花大キニ白ク、芯中ヨリ普賢像ノ櫻コトク、一葩ヒネリ出ス。コレ旌ニ比スルナリ。

旗櫻寺全景

かつて源頼義、義家父子が奥州征伐から凱旋した時、この地に兵をとどめた。義家が桜の木でできた旗棹を地中に挿したところ、たまたま根づいて、桜の大木に成長したのだという。ところがこの桜は、花が咲いてみると、おしべの先端に一つ二つ小さな旗のようなものが付いている珍しい桜であったので、「旗櫻《はたざくら》」の名で呼ばれるようになったというのである。実際に他の桜の花と比較してみると、花びらは白く大きく、蕾はうっすらと赤みがかり、いかにも清楚で美しい。伊豆方面に多く見られるという「オオシマザクラ」の変種では

旌櫻寺祠堂

ないかともいわれている。

筆者がここを訪れたのは、平成十二年（二〇〇〇）四月のことである。それ以来その桜の美しさに魅せられ、開花の季節ともなると毎年、観察をかねて花見に訪れている。しかし、ここ二、三年のことではあるが、年々旌の付いた花が少なくなってきている。樹勢が衰えてきているのではないかと、密かに恐れている。もしそうだとすると、今のうちに、何か適切な手立てを考えておく必要があろう。

さて、この旌櫻寺と義公の関係を『日乗上人日記』などから調べてみると、元禄三年（一六九〇）十月の引退後、毎年三月十五日前後（現在の四月二十日頃にあたる）の花の季節には、必ずといってよいほど足をはこんでいることがわかる。殊のほか「旌櫻」を愛でている様子がうかがえる。同日記から、元禄四年（一六九一）九月二十二日の条を見てみよう。

西山荘に五月九日に入って四か月も過ぎないうち、源頼義、義家父子の霊を安置するための祠堂を建て、儀式を厳修した。導師は正宗寺の雷啓和尚であった。

午後御成。やがて法事始まる。導師は増井当住なり。源頼義、源義家の牌を小堂を作りて納給ふなり。黄門公も御ゐほしにありす川殿よりしんぜられし御どう服をめす。

とある。この祠堂は現在も残されており、義公の筆跡と思われる字で「祠堂」と書かれた扁額がかけられている。それにはかすかに、「元禄四年」とも読める。祠堂の中には、数体の牌が残されているが、残念ながらそれを確かめるすべはない。

また、東側にはもう一つの小堂が建っている。堂の中は相当荒れ果ててはいるが、窓から中を眺めると、「圓通閣」と読める扁額がかかっていた。同じ時に建てられたものであろう。文中に「ありす川殿」とあるのは、当時義公と親交のあった有栖川幸仁親王のことと考えられ、延宝八年（一六八〇）、義公が『扶桑拾葉集』を出版した時、その序文を賜った方であろう。

また『桃源遺事』（巻之二）を見ると、

> 久慈郡小野平村旌櫻寺に祠堂を御建、頼義・義家の神主御安置被レ成候。頼義の位階諸系圖に皆従四位下とあり。此時御吟味被レ遊に、朝野群戴士官府に正四位下と有、証據によって相定まる。神主御脇書遠孫光圀奉祀と御自筆にて被レ遊候。神主御入堂の節は御規式嚴重に被二仰付一、御自も御烏帽子御道服にて御着座被レ成、導師ハ増井村久慈郡正宗寺の雷啓和尚是をつとめらる。
> 且堂前に弓場を仰付られ、的興行有レ之候。（以下略）

ともある。祠堂を建て、頼義、義家を祭るにあたっては、史料を調査し、位階の正確を期していることが伺える。このようなところにも、『大日本史』編纂において、一字一句ゆるがせにしなかった、義公の合理的思考を知ることができよう。

「遠孫光圀」と書いたのは、自らが、武門の誉れ高い源氏の末流としての誇りを感じていたことを示すものといえよう。堂前に弓場をしつらえ、弓を射させているのは、弓の名手として名高い義家を顕彰する目的で奉納したのかも知れない。

さらに、元禄十三年（一七〇〇）の義公薨去までお側近くに仕えた井上玄桐の『玄桐筆記』には、

常々被レ仰しハ、御壮年の時より、御身をは其日限とのミ御覚悟被レ遊し也。勿論國を越て外へ御成あるに、二度御座敷へ歸御有へしとは、終におほさゝりしと也。西山へ御隠居已後も、其ことく何方へ御出有にも、再度御山莊へ御歸有へきとは思召れさりしと被レ仰き。

などとあり、義公の日常生活での心構えが読み取れる。

これらのことから考えると、義公の心構えは尋常一様ではない。己の命はその日限りのもの、常に戦場にありという、もののふの精神というべきものを、絶えず養っていたことを感ずることが出来よう。

『桃源遺事』（巻之四）にある次の記事も、それを有力に物語る。

鳥北山久慈郡ハきはめて嶮岨なる高山なり。或時西山公此山の巓に御上り、御遠望遊され候。始御登りなされ候道ハ、麓よりハ遙に遠く有レ之候。

西山公御帰りには、眞直に下らはやと思召候へ共、誰にもかくと仰もなく、そこらを御立廻り候様にもてなさせ給ひて、獣すら不レ通所をふと走り下り給ふ。是を見奉りて、御供のもの共、我も／＼と續て下る。其間五六町も有へし。踏とむへき所もなけれは、或ハ飛ひ、或ハ走て君臣

ともにつつかなく、忽麓に下り着ぬ。

よのつねの心にては、おもいもよらさる事なるに、西山公に引れ奉りて、恐る、色もなく下りぬる事、誠に士卒の剛劣ハ大將一人の心にあるといふ事、此時にしられぬ。

鳥北山というのは、県北にある名山男体山の隣にある、峻厳な山をいう。今は一般に長福山と呼ばれている。ある時、此の山の頂に登った義公主従であったが、何の前触れもなく、義公は真っ直ぐに麓目指して駆け下りていった。獣も通らないようなところを一気に下ったので、御供の人々もあわてて一斉に下る。アッという間の出来事であったので、お供の家来達はなんら恐れることなく、義公主従は無事麓に到着した。この事は、大将の心一つで将兵の優劣が決まるという、戦闘者の精神を鍛錬していた事実を伝えている。

満開の旌櫻

それ故であろうか、義公にとって旌櫻寺での花見はまた格別であった。この寺に遊んで詠んだ詩だけでも、十数首にものぼるが、『常山文集拾遺』に載せられている七言詩には、

「もののふ」としての義公の心持ちが、よ

く現れている。これには、

旌櫻寺の白櫻は、源義家東征の時旌旗を櫻間に閣く。是の後人焉《これ》を稱して旌櫻という。依りて寺に名づく。今、其の櫻を寫す屛風を見て戯れに一絶を賦す。

という詞書があり、

千古旌櫻一樹風　　千古の旌櫻一樹の風
芳名香徳豈今窮　　芳名香徳豈今に窮らんや
正知花有太平色　　正に知る花太平の色あり
得奉義家東征功　　義家東征の功に奉るを得たり

と詠んでいる。しかし、桜の花は「太平の色あり」とあるように、華やかさもあるが、散り際が美しいだけに、またそこはかとないものの哀れを感じさせる。そこでの花見のなかで最も印象的なものは、最晩年のものであろうか。

元禄十一年（一六九八）三月十四日、前年から水戸に滞在していた安藤為実、為章兄弟の父安藤朴翁が、いよいよ京都に帰ろうとしていた。義公はこれに餞をするため、満開であったろう旌桜の下で送別の宴を催した。「花下別れを惜しむ」という七言詩をみると、「旌櫻寺花前に安藤朴翁の帰京するを送る」との註が付けられているから、そのことが知られよう。詩はこうである。

告別花前情益傷　別れを告ぐれば花前情ますます傷み
離愁欲忘屢揚觴　離愁忘れんと欲してしばしば觴《さかづき》を揚ぐ
清香滿襯錦衣色　清香襯《しん》に滿つ錦衣の色
春餞行人歸故鄉　春行人《こうじん》の故郷に歸るを餞す

京都からはるばると東路を下向して、水戸に留まること約半歳、その間各地を案内したり、和歌や漢詩を詠み交わし、親交を深めた貴紳が遂に帰ることとなった。この間の交流は、義公にとってまたと得難い、貴重な経験であったに違いない。別れを惜しむこと切なるものが込められている七言詩である。

かつて陸奥に下った源義家が、

吹く風をなこその関と思へども道もせに散る山桜かな

と勿来の関で詠んだ歌は、千載集に載せられて有名であるが、旌櫻寺を訪れるたびに、義公の胸中には、この故事が思い起こされていたのかも知れない。旌櫻寺の桜が咲きほこるころに訪れると、義公のもののふとしての風流心を、感ずることが出来よう。

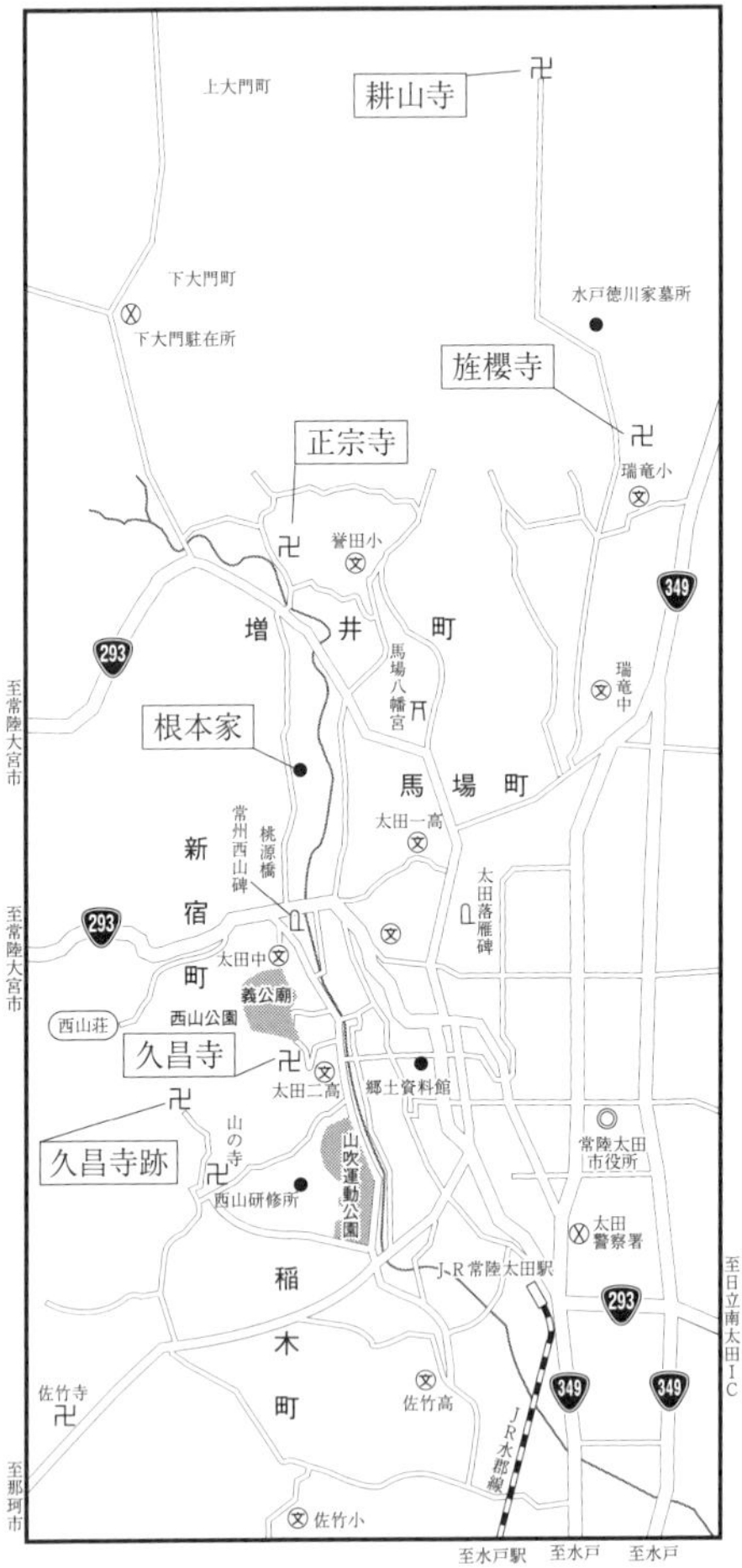

常陸太田市内略図

(十二) 常寂光寺と日周上人

常陸太田から国道二百九十三号線を常陸大宮方面に向い、金砂郷町大方（現常陸太田市大方）の信号を北に進路をとると、金砂郷町役場（現常陸太田市金砂郷支所）に突きあたる。そこを左折して、浅川にかかる橋を渡り、郵便局前を右折する。約一・五キロメートルほど行ったあたりが、金砂郷町中利員（現常陸太田市中利員）の地である。

道路の内側に市立北中学校、目指す常寂光寺は東側山麓にある。田んぼの細道から急な山道を登り、山門をくぐると、右側に小ぢんまりとした塋域と歴代住職の墓があり、その先に七面堂、さらには本堂がある。境内はといえば、それほど広くはないが、木々によって外界から全く遮断され、俗塵を払う感がある。

『日乗上人日記』元禄九年（一六九六）二月二十五日の条をみると、

一、年数村へゆく。日周見舞のため也。

一、日周上人当寺へハ去十三日着。知苗所ニ逗留せらるゝよし。

十六日ニ年数ノ寺へ入院のよし。今日午時年数ニつく。さぎ山といふ所。十六年已前来りし所也。山ふかく木たち物ふりたり。寺もふるく作りなせる所なりし。庭に大きなる糸桜あり。梅の花さかりなりし。梅も古木なり。日周予にあひてよろこぼひて万せられし。

とあり、さらに、

西山の大君周上人に命じて年数といふ所の権《ママ》宗の寺を転じて我宗の寺となし、開山の師とし給ふ。其比、御悦申にまかりて、

常寂光寺本堂

法の花ひもときそめていく年の数もつきせぬ春にさかへん

と記している。常寂光寺はもと真蔵院といい、近くにある真言宗鏡徳寺の末寺であった。それを義公がいま日蓮宗の寺院にあらため、開山として、日周上人を招聘したのである。

日周上人が入院して十日後、日乗上人は年数に見舞った。日乗上人にとっても、この地は、延宝五年（一六七七）初めて常陸にやって来た時の、思い出多い場所である。その時のことを回想し、今後の発展を期して詠んだのが、「法の花」の和歌である。年数の地名が詠み込まれていることが知られよう。

ところでこの二人の僧侶は、系譜をたどってみると、兄弟弟子である。師と仰ぐのは、京都深草に草庵を営み、その生活極めて清貧であり、かつ厳正であったといわれる元政上人である。元政上人の生まれは元和九年（一六二三）、示寂は寛文八年（一六六八）というから、四十六年の生涯であった。

紀野一義氏著『名僧列伝』によると、元政上人の師は、京都妙顕寺の日豊上人という人で、後に池上本門寺の貫主となって栄転したという。しかし、この時三十三歳であった元政上人は、ついて行けば出世もしたであろうに、そのあとにはついて行かなかった。学識といい、人格といい、充分な力を備えていたにもかかわらず、「名利に対して常に背中を向けて歩いた人」であったと伝えられている。日蓮宗徒は、他宗排斥が強いとよくいわれるが、元政上人に限って決して他宗を攻撃することはなく、同門からは異端者のごとく見られていたともいう。一方で上人は、漢詩をよくし、熊沢蕃山、北村季吟、石川丈山などの知識人と交流し、また明人陳元贇《ちんげんぴん》などとも親しく、己を持すること高くかつ厳なるものがあった。その境地は、「高祖日蓮を師とするといへどもその心を師とし、その跡は師とせず」というところに達していた、といわれている。

境内にある日周上人墓

そのような上人であったから、宗派にとらわれず、禅宗の僧侶の生活規範であった「清規《しんぎ》」を参考にして「艸山《そうざん》清規」を作り、日常生活を厳しく律したという。上人の「艸山清規」を見ると、それは六章からなっている。

毎月の行事を示した「月進章第二」では、「祝聖《しゅくしん》」を行うべきことを定める。月の初日と十五日には、天子の寿命無窮であらんこ

京都深草の瑞光寺本堂（元政上人ゆかりの寺）

とを祈る行事である。また「名分章第五」では、最上位である主座の修行僧としての心構えを説き、「説法の志を以て自分を絶へず正すこと」、「平等の友情を以て衆に接すること」、「一念といへども名利の念を起こさないこと」など、法によって自らを厳しく持することを要求する。

「家訓第六」では、「他宗の人にでも慇懃丁重に法を聞くこと」、「どちらが正しいかあるいはどちらが勝ったなどといふ論争は一切するな」ということをいましめている。修行僧としての厳しさを己に課すことによって、仏法者として覚悟するという、仏教本来の生き方が示されていよう。二人が師と仰いだ元政上人とは、このような清冽な生涯を貫いた僧であった。

宗教界の刷新ということが、義公の念頭には常にあったと思われるが、一宗一派にとらわれず、仏教者本来の在り方を追求する元政上人のような人物を、義公は招聘しようとしていたのではなかろうか。しかし元政上人は今やない。そこで、高弟であった日乗上人が延宝五年（一六七七）に先に招かれ、今また日周上人が招かれたのであろう。

義公が常寂光寺を訪れるのは、『日乗上人日記』によると、元禄九年（一六九六）四月二十七日と、

九月十七日が確かめられる。その四月二十七日の条を見ると、

勤行のうちに西山より六助承りて今日年数鏡徳寺へ御成御供可申由御意のよし申来る。御日帰りのよしなれバいそぎける也。（中略）

寂光寺へ御たちよりありて御茶など奉る。周上人も鏡徳寺へ参られよと仰ありける也。周上人とつれたちて鏡徳寺へ行く。

とある。「年数」は今、利員と表わす。「周上人」は日周上人のこと、「寂光寺」は常寂光寺のことである。近くの鏡徳寺への道すがら、日周上人のところに立寄ったのである。また九月十七日の条には、

公は八ツ過る比御成也。夜ニ入テ帰御可有由なれど、御供もつかれぬ。今宵ハと皆々申て、寺に御宿ありし。晩秋遊山寺といふ事にて御詩歌ありし。

と書かれている。午後二時頃、常寂光寺に到着した義公一行は、詩会などを催したが、つい夜遅くなってしまい、寺に宿泊することとなった。この時義公が詠んだ七言詩が、『常山文集拾遺』に載せられている。

晩秋山寺に遊び、住持日周上人の韻に和す

斜日乗閑藜杖緩　　斜日閑に乗じ藜杖《れいじょう》緩かなり

秋風苦扣沙門扃　　秋風は苦《しきり》に扣《たたく》く沙門の扃《けい》

霜輕霞瀼稀人跡　　霜軽く霞瀼《こまや》かに人跡稀なり
秋葉日封山寺庭　　秋葉日を封ず山寺の庭

山寺に至る細道は、杖を頼りにするほど急である。しかし、人里離れた境内に人影はない。色づいた庭の木々の間からは、僅かな日の光さえも入って来ない小宇宙を形成している、寺のたたずまいを詠んだものであろう。

義公と日周上人の交流は、日々に深まっていったと思われる。翌元禄十年（一六九七）四月になると、日周上人は、三昧堂檀林に勉学に来た尊明公の傅役《ふやく》を命ぜられた。上人の招聘は、あるいはこの為であったかも知れない。

一方この頃、三昧堂檀林の能化《のうげ》は日輝上人であったが、六月には、隠居する手筈になっていた。その後任として、義公は、会津浄光寺の住職日省上人を能化に招聘し、日省上人は八月中に常陸入りを果たした。

しかしその日省上人も、翌元禄十一年（一六九八）になると、身延山久遠寺の住職として栄転してしまった。義公は日乗上人を通じ、再び候補者捜しに奔走することになる。京都本法寺の日近上人、小湊誕生寺の日迨上人、会津浄光寺の日慈師など、次々に候補にあがったが、それぞれ事情があり、招聘には難しいものがあった。そこで日乗上人の推薦もあり、遂に、常寂光寺日周上人に、白羽の矢が立つことになるのである。

『日乗上人日記』元禄十二年（一六九九）十一月十日の条を見ると、

一、午前今日御用あるなれバ可参由仰なりと、六助かたより申来る間、午時上御殿。

一、御用とて人々御前ヲ去ル。ちかく召テ被仰ハ、一昨日申せし事能々御了簡あるに、先今度ハ一度日周師ヲ能化ニ可被遊由思召仰付られしや。いかかあらんやと被仰し間、是ハ一昨日も申せしごとく、其身ノ外聞忝御事と奉存よし申上し也。

とある。日乗上人が、内々に義公の相談にあずかっている様子がわかる。いろいろと候補者を考えてはみたものの、皆それぞれ事情があった。日乗上人の推薦もあることであり、日周上人の能化も悪くはない、と義公は考えたのであろう。

考えてみれば、元禄九年に常陸に来てより、日乗上人と共に手足となって働いてくれた。特に問題はなかった。義公は早速、日周上人を三昧堂檀林の能化として、身延山に推薦したものと思われる。

十一月二十六日、日乗上人は西山荘に呼ばれ、日周上人を檀林の能化に許可するとの、身延よりの決定を知らされた。翌二十七日、義公は日周上人を西山荘に招き、決定を伝える。しかし上人は固く辞退した。そこで、お側に仕える井上玄桐なども加わって、強く説得した結果、首尾よく、日周上人の承諾を得ることができたのである。

このようにして、久昌寺に檀林が設けられてから第七代目の能化として、日周上人は、三昧堂檀林を統率する立場にたったのであった。

『日乗上人日記』十二月二十三日の条をみると、

日周上人三昧堂の講主になり給ひて、悦申入ありし比、西山公へ歌奉り給ひし。下句法の燈といふ句をとりて公唐歌を給ハらせ給ひける。予もその詠歌の言葉を句の下におきてよみ奉りける。

とあり、

もろ人のあつむる雪のまどのまへ光をそふる法の燈

という和歌が書き添えられている。この日記の内容から察すると、日周上人は檀林能化としての決意を和歌に託し、義公に披歴したことであろう。その和歌の中には「法の燈」の語があり、日乗上人もそれに和して詠んだ歌が、「もろ人の」の和歌である。

また『常山文集』(巻之四)には、次のような義公の五言詩とその詞書が載せられている。

元禄乙卯の歳、常寂周上人を迎致す。三昧堂講席を董するの日、和歌を詠じ志を述ぶ。予再三吟哦、手を釋《お》くに忍びず。和歌の末燈字を掲げ韻となし、律詩一章を賦し、以って疏に代うと云う。

山上起宗風　飛揚最大乘　山上宗風起り、飛揚す最大乘

学窗含雪月　法水辨淄澠　學窗は雪月を含み、法水は淄澠《しじょう》を辨ず

高照暗迷路　勤挑大智燈　　高く照らす暗迷の路、勤め挑《かか》ぐ大智の燈
狂瀾廻既倒　陶治萬万僧　　狂瀾を既倒に廻《めぐら》し、陶冶すべし萬万の僧

この五言詩が、『日乗上人日記』中の、「法の燈」の句からとった「唐歌」であるに違いない。三昧堂檀林の化主として迎えた日周上人に期待するところ、極めて大なるものがあった。深草の元政上人が示したように、一党一派に偏することなく、俗に染まらず、高く法燈を掲げて進んで欲しい。そうして、わが国仏教界に一大新風を吹き込む拠点として三昧堂檀林を運営してもらいたい。これが義公の念願であったろう。

五言詩の中の「狂瀾を既倒に廻し、陶冶すべし萬万の僧」という終句に、義公の改革への強い意志と、日周上人への期待が込められているように思われる。

㈣　鏡徳寺と大村加卜

鏡徳寺は、常寂光寺より北に一・五キロメートル行った、金砂郷町上利員（現常陸太田市上利員）余城内というところにある。道路には「真言宗鏡徳寺参道入口」の案内がたち、そこから橋を渡る。山に向って約二百メートルほど行くと、「真言宗豊山派五仏山鏡徳寺」と大書した石柱がある。木立ち

鏡徳寺境内と大銀杏

の中の参道を入ると山門、伽藍はさらにその奥である。

境内入口にある『沿革誌』の碑文によると、寺は大同元年（八〇六）、慈覚大師円仁によって開かれ、もとは天台寺院であったという。承久元年（一二一九）醍醐寺の座主光宝大徳が中興し、真言宗となる。この時、土中から五仏と鏡が出土したことに因んで、山号を五仏山、院号を五智院、寺号を鏡徳寺と称するようになったという。

栄枯盛衰はあったが、江戸時代には「上通り格院」に列せられ、末寺、門徒寺を含めて二百五十か寺に及んだこともあるという、名刹である。境内入口には、樹齢約六百五十年、樹高三十メートルはあろうかと思われる、銀杏の古木がそびえ立つ。秋ともなると、見事に色付いた黄葉が日の光を受け、全山黄金色にわき立つ。

義公がこの寺を訪れたのは、元禄九年（一六九六）四月十七日のことである。西山荘からの途中、常寂光寺に立ち寄り、日周上人を伴って来たことが、『日乗上人日記』に見えている。この頃、鏡徳寺には恵浄という僧侶がいたのであろう。恵浄上人が、元禄十二年（一六九九）、京都に上ることになり、義公に別離の詩を贈った。義公はその返しに、七言詩を詠んで答えたという。そのことを示すのが、『常山文集拾遺』に載せられている、次の詩である。

鏡徳寺浄上人京師に之《ゆ》かんと欲し、
　詩をもって別れを告ぐ、予即席に次韻す

老漢将攀長谷峯
東西吹袂馬牛風
芒鞋竹杖幾千里
踏遍山川莫累躬

老漢将に攀《よ》じんとす長谷の峯
東西に袂を吹く馬牛の風
芒鞋《ぼうあい》竹杖幾千里
遍く山川を踏んで躬《み》を累《わずらわ》すこと莫れ

大意は次のようになろう。

　客人はこれから長谷寺に登ろうとし、上人は京都を目指して西に旅立とうとしている。二人とも気ままな旅ではあるが、上人の旅はわらじをはき、杖をついて幾千里の行程をふみしめなければならない。どうか山川を越えてゆく御身を大切にして欲しい。

老人は、ここでは義公のことである。義公と上人の間には、しばしば交流があったと思われ、『水戸義公書簡集』には、二通の手紙が認められる。

次にこの寺に関係する人物として、大村加卜《かぼく》について、述べてみよう。加卜はもと越後高山藩に仕える外科医であった。ところが延宝年間、藩に家督騒動がおこり、松平家は断絶、主君松平光長は、伊予松山に配流となった。延宝九年（一六八一）七月のことである。

『桃源遺事』（巻之五）を見ると、

　越後の光長朝臣の御家中騒動につき、家臣荻田主馬・小栗美作を江戸の御城へめし、御前においてて対決仰付られ候節、綱豊甲府　御三家の御方も其席に御詰被レ遊候處に、

とあって、同年六月に事件は将軍綱吉の親裁するところとなり、藩は取り潰しとなったが、その席には義公をはじめとする御三家の藩主や、後に第六代将軍家宣となる徳川綱豊も、同席したことがわかる。松平光長は、家康の子秀康を祖父に持ち、母は二代将軍秀忠の娘である。そのため、越後松平家は、「越後様」と称され、御三家に次ぐ格式を誇りとした。ところが、藩主は常に江戸に在って、国政は家老に任せていたことから、光長の後継者をめぐって、重臣達の反目がつのり、藩を二分する騒動に発展したのであった。

義公はこの騒動を目の当たりにして、何を思ったのであろうか。いかに格式を誇ろうとも、藩主が国政を顧みないことの危うさについてであったろうか。それとも、正統な後嗣によって藩政が継承されても、それを発展させていくことがいかに難しいことであるか、ということであったろうか。それ

から十年後、義公が引退するにあたって世嗣綱條に与えた、「嗚呼汝欽め哉。国を治むるは必ず仁に依れ。禍は閨門より始る」という教えは、世の栄枯盛衰をつぶさにながめ来たった、深刻な反省による言葉であったかも知れない。

藩の改易という、不幸な出来事に遭遇した加卜ではあったが、幸いに義公の招聘するところとなり、貞享元年（一六八四）、水戸藩に出仕することになる。

『水戸の刀匠』を著わした関山豊正氏は、その著書の中で、水戸徳川家には延宝四年（一六七六）製作の加卜刀があったことから、招聘以前すでに、加卜と水戸藩との関係があったであろう、と推定している。加卜と朱舜水などとの交流が認められることからも、この推定は首肯できると思われる。

翌貞享二年（一六八五）になると、義公の命により、加卜はここ鏡徳寺境内において、二振の太刀を鍛えることになる。佐々宗淳の推挙により、同じ貞享元年に義公に仕えた森尚謙に、『行徳剣記』の一文がある。その『行徳剣記』こそ、加卜の鍛刀の事実を伝える史料であるから、ここにその一部を引用してみよう。それには、

貞享二年の春、源ノ義公、大村加卜に命じ、剣を常州利員村鏡徳寺に冶せしむ。加卜斎戒して之を造る。十五枚甲伏《こうぶせ》の法を用ゆ。寺僧宥浄日々護摩を修めて之を穰ふ。是に於て鍛煉精巧凛として氷霜の若し。奇気純霊、亀文縵理す。

とある。この時の太刀は、寺僧の宥浄が敬虔な祈りをささげ、加卜らは「十五枚甲伏」の方法で鍛え

たものであったことがわかる。尚謙はさらに続け、

余曰く、夫れ剣は唯だ折衝して敵を伐つのみに非ず、以て心を正うし、身を修め、家を斉へ、邦を治むべきのみ。

と述べ、剣の極意を「武を以て乱を撥き正に反す」にありと喝破している。

一方、加卜にも、貞享元年に述作されたといわれている『剣刀秘宝』の一書がある。加卜自身が、わが国の鍛刀史上最も優れていると考えた、二十二人の刀工をあげ、その特徴を概説したものである。

その筆頭にあげるのは、「伯耆安綱」である。源頼光が大江山の酒顛童子を切ったことから、「童子切」として知られる名刀である。この刀は後に織田信長、徳川家康、同秀忠、秀忠の女へと伝えられ、加卜の時代には、松平光長の有するところであった。鍛刀家としてこれを見るとき、「安綱」は、「真の十五枚甲伏造」によって鍛えられた、折れもせず曲りもしない極めて実用的な刀で、「千年を経ても力衰ふること」のない名刀であるというのが、加卜の下した評価である。

そして、「真の十五枚甲伏造」による刀工は史上四人のみとし、「安綱」の他「筑前左定行」、「山内助真」、それに加卜自身をあげている。特に「山内助真」について述べたところでは、

扨又我が打つ太刀は、五臓六腑十二経骨筋骨を分けて打つなり。心には心刃紋あり。筋骨に地鉄六十四節の筋骨を入れたり。皮肉には面伏の鉄あり。かくの如くなるを名剣といふ。兵に預くる時は向ふ者なし。太刀といふは、人を切るばかりにはあらず。魔縁魔障も障碍をなさずして、

天下国家も能く治るを太刀と云ふ。

ということを、「助真」が時の将軍惟康親王に申し上げたと、書き留めている。

　このことは、「助真」の鍛刀の姿勢がそのまま、加卜にあてはまると考えて良いと思われる。尚謙と同様に、天下国家を治める力を秘めていてはじめて太刀の価値がある、と加卜も考えていたのである。加卜にとって作刀は余技であったが、外科医としての執刀の経験から、刀剣についても遂に一家言を有するに至ったものと思われる。またなぜ鏡徳寺境内で鍛刀したかについては、加卜が真言密教に厚く帰依していたということが、深くかかわっていると考えられる。

　『行徳剣記』を著わした尚謙が、医学に通じた他に、儒教や仏教、さらには兵学、撃剣にも通じていたとされるが、加卜もまた、同じような分野に精通していたことが知られる。義公が藩士を採用する場合、一党一派にこだわらず、諸学兼修の幅広い分野に通じた人物を、積極的に登用

大村加卜御前打の碑

那珂市不動院にある大村加卜墓

していたように思われる。

　加卜の研究家でもある関山豊正氏は、昭和六十三年（一九八八）秋、御前打の事実を後世に伝えるべく、現水戸史学会副会長久野勝弥氏の全面的な協力を得て、境内に記念碑を建立した。その碑文を読むと、加卜は、自作の刀で牛頭を解体し、食用として義公や朱舜水に贈ったこと、御前打の時には江戸から下坂國博、山本安國の二工を呼び寄せたこと、一振は「行徳剣」と名付けられたこと、などが記されている。

　寺の方に尋ねてみると、御前打の場所は、碑の南側斜面を下った、向い側の高台あたりという。しかし、寺は何度か火災に見舞われ、義公関係のものはほとんど残されていない、ということであった。その上、加卜の墓地もどこにあるのか、はっきりしていなかったが、平成五年（一九九三）四月、関山豊正氏は那珂町菅谷（現那珂市菅谷）の武田山不動院にあることを突きとめ、やはり久野氏の協力を得て、ここに記念碑を建てるに至った。

　それによると、加卜は真言宗に帰依した在家の「傑僧」でもあり、元禄二年（一六八九）、当山に「不動堂」を建立し、不動明王を奉納したとある。歿年は元禄十七年（一七〇四）十二月十六日、法名は「大法印宥信」で、墓はもと境内の林の中にあったらしいが、その後、現在地に移されている。貞享元年（一六八四）に加卜が水戸藩に仕えてから十六年目、元禄十三年（一七〇〇）十二月六日に義公は薨去するが、この年月の水戸における加卜の名声は、余技とした鍛刀において、断然あらわれているといえよう。そのきっかけは、鏡徳寺における御前打であり、義公は鍛刀にこそ、加卜の非凡な才能を見出していたのかも知れない。参考までに加卜の略年譜を掲げておこう。

大村加卜関係略年譜

年号（西暦）	事　　項
寛永元年（一六二四）	加卜、このころ駿河国有度郡上河原村（現静岡市長田町）に森助右衛門の次男として生れる。
正保元年（一六四四）	加卜、この年以後に越後松平家に仕える。この頃鍛刀を始める。
正保三年（一六四六）	加卜、鍛刀に「越後幕下士真十五枚甲伏云々」と銘を切る。
寛文五年（一六六五）	朱舜水、義公の招きにより江戸に来る。
寛文七年（一六六七）	朱舜水、水戸に来る。
延宝八年（一六八〇）	加卜、この年以前、朱舜水を訪問する。
延宝九年（一六八一）	越後藩主松平光長、伊予松山に流される。
天和二年（一六八二）	朱舜水歿す。
天和四年（一六八四）	加卜の『刀剣秘宝』なる。この頃水戸藩に仕える。（侍医あるいは御伽衆ともいう）

貞享二年（一六八五）	加卜、鏡徳寺境内において、太刀二振鍛える。
元禄五年（一六九二）	太田三才村石井惣五郎（常陸大目源利重）加卜の弟子となる。
元禄十一年（一六九八）	加卜、老衰にて水戸長山団平上屋敷に移る。
元禄十二年（一六九九）	加卜、水戸藩に暇願い申し出る。
元禄十七年（一七〇四）	加卜、この年十二月十八日、水戸にて歿す。菅谷不動院に葬る。法名大法印宥信。

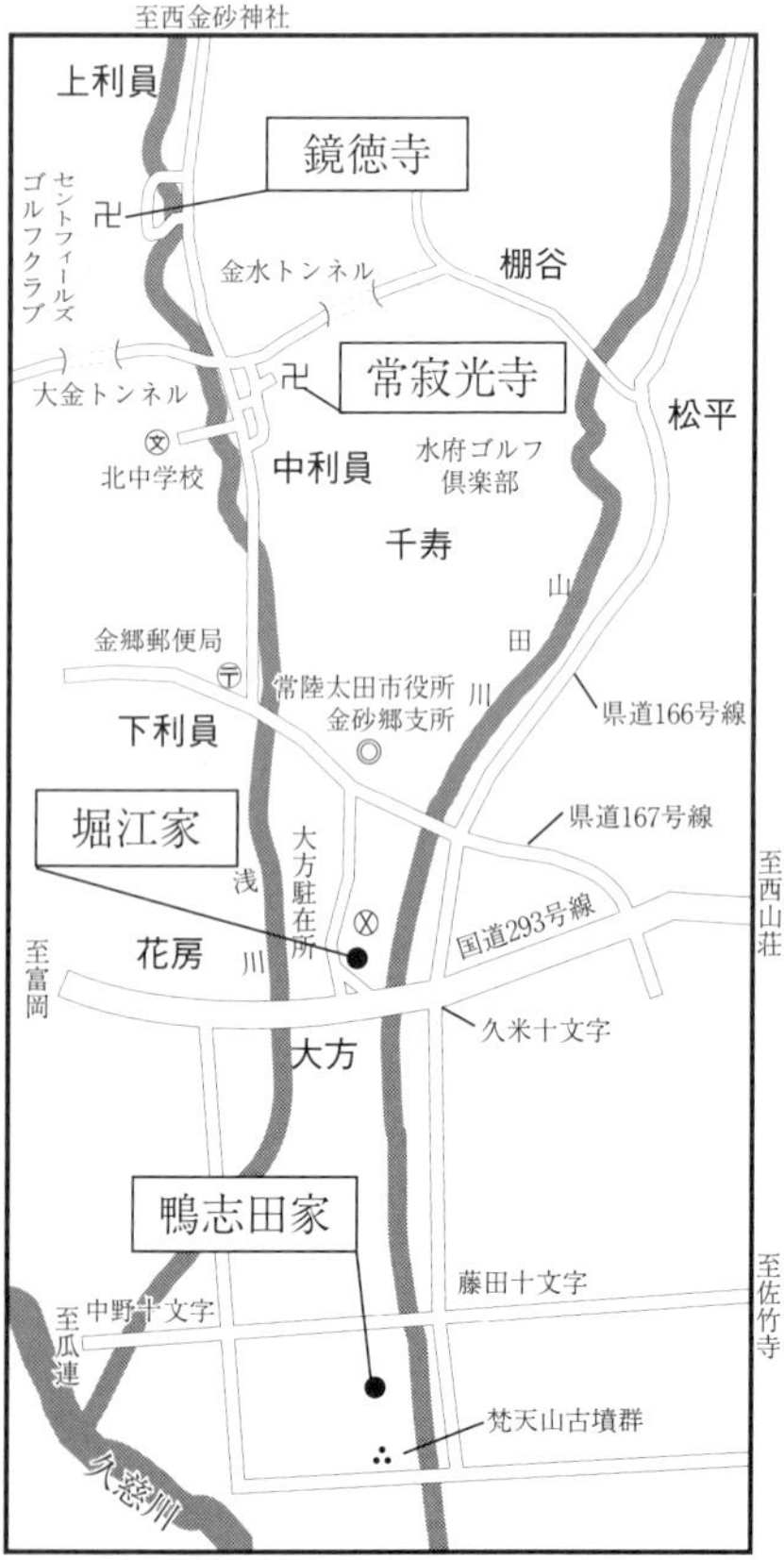

旧金砂郷町周辺略図

久慈郡大子町

町付飯村家

久慈郡大子町町付にある飯村家を訪れたのは、平成十四年（二〇〇二）の正月十三日のことである。町立下野宮小学校の飯村尋道教頭に案内をお願いしたところ、快く引き受けていただいた。冬の道を走るため、飯村教頭の山方町の自宅からジープを出してもらい、国道百十八号線を北に向った。大子町の町並を左に見ながら、下野宮の信号で八溝山方面に左折し、約三キロメートルほど行くと、古い町並を残す町付の集落に至る。旧黒沢村役場の建物を見ながら、坂を登る。その坂を登り切ったところが、飯村家である。ナマコ壁を配した門構えの、堂々たる家である。

飯村教頭にお願いしてすでに連絡をとってあったので、夫人が出迎えて下さった。客間に案内され、あらためて御挨拶をした。するとそこには、いろ〳〵な史料が用意されていた。その中に、数年前に放映されたというＮＨＫ製作のビデオがあったので、早速見せていただく。飯村家が所有する義公関係の史料が網羅されており、家の歴史を知る上で、大変参考になった。

飯村家表門

現当主の飯村和紀氏は、大子町教育委員の要職にあり、この日は成人式に出席されていて、あいにく留守であった。「皆様のお帰りには間に合わないかも知れませんが」、と夫人がいわれる。「とにかく清音楼の跡を見ていただきましょう」ということで、夫人の案内で、邸内を見せていただくことにした。庭には大きな梅の古木や柏の木があり、いかにも旧家の庭というに相応しい。屋敷の南側が、義公ゆかりの「清音楼」のあったあたりだといい、そこには、約三メートルはあろうかという、自然石の立派な碑が建てられている。碑に「清音楼之趾」と大きく刻られ、その上方に、義公がこの地で詠んだと伝えられる、

都にてなかめしよりも優りけりこの山里の月の光は

の歌が刻まれている。後で調べてみたところ、この和歌は『義公全集』には載せられていない歌であった。碑の裏面を見ると、

嘗て徳川光圀公郷士飯村宗興を愛し度々この地に来遊この楼に泊す。公この楼を清音楼と名つけ詩歌の会を催す。楼跡に碑を建て永く子孫の為め記念とするものである。

昭和五十七年初夏　飯村紀一記　令八十六

と彫られていた。昭和五十七年（一九八二）夏、先代の紀一氏が、「清音楼」での詩会の事実を子孫に伝えようとして、建てたものである。

碑から南の方に目をやると、この地は西から東の方に流れる八溝川が刻んだ断崖絶壁の上にあることが知られ、はるか下の方を、清流が蛇行している。今立っている地は、高さが川底から二〇メートルはあろうか、と思われた。周囲は木々によって視界が遮られているが、義公が訪れた時分は今よりもはるかに見晴しは良く、南に向かってパッと開けていたであろう。

ふと気がつくと、欅の大木が目に入る。欅には、巨大な藤がまとわりついていた。高さは二、三十メートル、根は四方八方に伸び、それぞれが数十メートルはあるだろうと思われる。恐らく碑の周囲の土地は、この藤の根が支えているのであろう。夫人に、「藤の花の季節には、さぞ見事なものでしょうね。」と聞く。「ところが、木が高くて、私共のところからは見えないのですよ。お隣の方が、見事な藤ですね、とおっ

飯村邸内の「清音楼之趾」碑

しゃるのです」といわれる。なるほど、この高さでは、飯村家から藤の花を眺めるのは無理であろう、と納得した。

古い庭などを案内していただいている途中で、和紀氏が帰って来られた。母屋に戻り、あらためて挨拶をすると、成人式が済んだので、急いで帰って来られたのだといわれる。二人とも大変恐縮した。現当主の和紀氏は大変温厚な紳士で、初対面にもかかわらず、質問にも気軽に答えてくださった。先程のビデオ作製の為に氏がまとめられたという、飯村家の年譜を傍に置きながらであったが、「その時はほとんど使うことはありませんでした」、といって笑われた。

先代紀一氏の著わした『覚え書』によれば、先祖は下野国飯村城主であるといい、代々北条氏に仕えた。しかし天正年間、豊臣秀吉の小田原征伐があり、その滅亡と共に浪々の身となる。宗安という人の時に佐竹氏に仕えたが、秋田転封の時にはついて行かず、町付に止まったという。そうして、宗安の孫であった宗雪の子宗重という人物の代に義公に仕え、その子武助宗興の時、元禄二年（一六八九）、五十石の郷士に登用されたというのである。

翌元禄三年（一六九〇）には、周囲十一か村の猟師支配を命ぜられるまでになったが、義公との関係は、この時一層深まったと考えられよう。江戸に出て武術の修業をしたり、学問を積んだ宗興は、識見もあり詩もよくしたといわれ、詩会に備えて庵を建てた。そもそも宗興という名は、武門を興すようにと義公によって与えられたものであったし、「清音楼」という庵の名も、元禄九年（一六九六）

ごろに、義公によって名づけられたものである。

このような関係もあって、今も飯村家には、義公拝領と伝えられる貴重な品々が、大切に保存されている。和紀氏は筆者らにこれらのものを、快く見せてくださった。その一つは、テレビでも放映された什器類と抹茶碗、他の一つは古文書類である。什器類は箱に入れて保管されていることもあって保存状態は極めて良く、葵紋の入った大変立派なものである。抹茶碗は光沢のある上ぐすりがかかり、一見粉引風のそれである。抹茶碗については、後に陶芸家伊藤瓢堂氏に写真鑑定をしてもらったところ、高麗茶碗ではないかという返事であった。

義公拝領の什器類

古文書類は巻物にして保存されていたので、開いて一部を見せていただいた。西山荘に仕えていた義公側近の井上玄桐、鈴木宗与、江橋六介などからの書簡類、水戸藩庁の役人からの通達などが確かめられ、相当数にのぼる。これらの中には、元禄二年（一六八九）宗興が郷士に取り立てられた時、伊藤七内が寄せた祝いの書状も見える。

今度郷士ニ被召出難有仕合之由ニて
早速飛翰之趣得其意令祝着候
猶期吉信之時候　　恐々謹言

伊藤七内　友視（花押）

六月十七日

飯村武介殿　御返報

また、元禄十一年（一六九八）十月十四日付と考えられる、鈴木宗與からの書簡には、信濃国（今の長野県）小布施の栗を増やすため、栗の実の植え方を指示するものがある。その最後の部分はこうである。

くり植様ハ世上ニては　如此
うへ申候出不申候　如此
うへ候へは能出申候只今より
土を少かけ成程あさく
植能御座候以上

世間では栗を芽の出る方を上にして植えているが、逆に下に向けて植え、なるべく浅く土をかけた方が、発芽が良いというのである。

三反田「百色山」（本書二一九頁）を紹介した際、義公の動植物研究について述べたが、このようなところにも工夫の一端がうかがえる。誠に親切というべきであろう。この他にも、鮭を薫製にする方法を指示したり、鮎や鰍の卵を研究のため西山荘に届けさせたり、白兎を山野に放たせ、会津の林檎《りんきん》

を植えたりしている。

さて、義公がこの地を訪れたのは、いつのことであろうか。元禄四年（一六九一）西山荘に引退後について、『日乗上人日記』などから調べてみると、元禄四年、同五年（一六九二）同八年（一六九五）、同九年（一六九六）、同十年（一六九七）、同十一年（一六九八）と、計六回にものぼると思われる。

元禄八年を例にとると、那須方面を巡視の後烏子から磯原へと抜ける途中、九月四日に飯村家に宿泊したようである。この時の当主武助宗興と、詩のやりとりをしていることが確かめられるが、『常山文集拾遺』にある次の七言詩は、その一つである。

飯村宗興の韻に和す

邂逅相遭共哄堂　　邂逅相い遭いて共に哄堂《こうどう》
酌流談露掬清光　　流れに酌《く》み露に談じて清光を掬《きく》す
不知何人蟾蜍水　　知らず何人か蟾蜍《せんじょ》の水
瀉作成天卓彼章　　瀉《そそ》いで天卓《てんたく》彼《か》の章を作り成すを

久し振りに相まみえたので、一同話題に興じ、どっと喚声があがる。酒を汲み共に談じ、時には詩を詠み交わして、旧交を暖めているのであろう。清音楼での詩会の一駒が、眼に浮かぶようである。

翌元禄九年八月になると、水府村方面から北上し、八月十九日、二十日と飯村家に入り、二十四日に八溝山登山、二十五日には近くの慈雲寺に入り、翌二十六日再び飯村家に宿を取った。
この時詠んだ七言詩が『常山文集』（巻十三）にあり、その詞書きは次のようである。

仲秋念六日飯村宗興が黒澤の宅を扣《たた》く。登楼直下欄に倚りて四顧すれば長流汎く盧を匯《めぐ》りて犇《はし》り、衆山鬱《うつ》として闥《たつ》を排して来たる。誠に隠逸の道士の盤旋《はんせん》するところ、騒人《そうじん》墨客の風詠するところなり。

一日此の楼に遊び樽酌《そんしゃく》の興を放つ。宗興一絶を賦し、余に似《しめ》す。即席其の韻礎に和す。

「仲秋念六日」とあるのは、八月二十六日のこと、義公は清音楼に登り、周囲を望見したのである。楼の下には八溝川の清流がさわやかな音をたててめぐり、山々の緑陰は、目にも鮮やかである。世俗を逃れようとする士や、風雅をこととする人士にとっては、絶好の景勝地である。ゆったりと心を休め、酒を酌み交わしていると、亭主の宗興が義公に詩を示して来た。そこでその詩に和した、というのであろう。詞書きがあることから、当時の飯村家周辺の様子を知ることができるが、それは現在の「清音楼」付近の景色そのままである。また七言詩は次のようである。

欒牽愁緒恨居多
俯仰秋天飛鳥過
摸景握毫李杜拈
撥灰暖酒酌陰何

欒は愁緒《しゅうお》を牽《ひ》き恨多きに居る
俯仰すれば秋天飛鳥過ぐ
景を摸《さぐ》り毫《ふで》を握り李杜を拈《ひね》り
灰を撥《はら》い酒を暖め陰何《いんか》に酌す

「清音楼」に酒をあたためながら、しきりに詩をひねり出している有様を詠んだものである。「李杜」は唐の詩人李白と杜甫のこと、「陰何」は、梁の時代に詩に巧みであったとされる、陰鏗《いんこう》と何遜《かそん》という二人の人物のことで、ここでは詩の意味に使われているのであろう。

この地に立てば、周囲の景色はまさに絶景。普段から「煙霞痼疾に入る」と詩に詠み、「配所の月見まほしき」と願っていたであろう義公にとって、これ以上の土地はない。黒沢の「山里の月の光」は、どこにも増して心に染みる光の色であったに違いない。

貴重なお話を伺ったり、伝来の品々を拝見したりしていてすっかり時間のたつのを忘れてしまっていたので、急いで辞去しようとすると、「これは評判のラーメンなんですよ。是非召し上っていって下さい」と、夫人が湯気の立っているドンブリを運んで来られた。折角の御好意なので甘えることとし、御馳走になった。いよいよ帰ろうとして玄関を出る時、一枚の絵に気が付いた。しんしんと降りしきる雪に埋れる、西山荘を描いた清楚な絵であった。これを見た後、表門のところで御夫妻と記念撮影をし、長居を謝して飯村家を辞した。車からうしろを振り返ると、御夫妻がいつまでも見送って下さっていた。

極寒の中を訪問した私どもであったが、夫人に出していただいたあの温かいラーメンと、玄関にかけられた雪に埋れる西山荘の絵と、飯村家の心に触れたような気がする思い出深い一日であった。

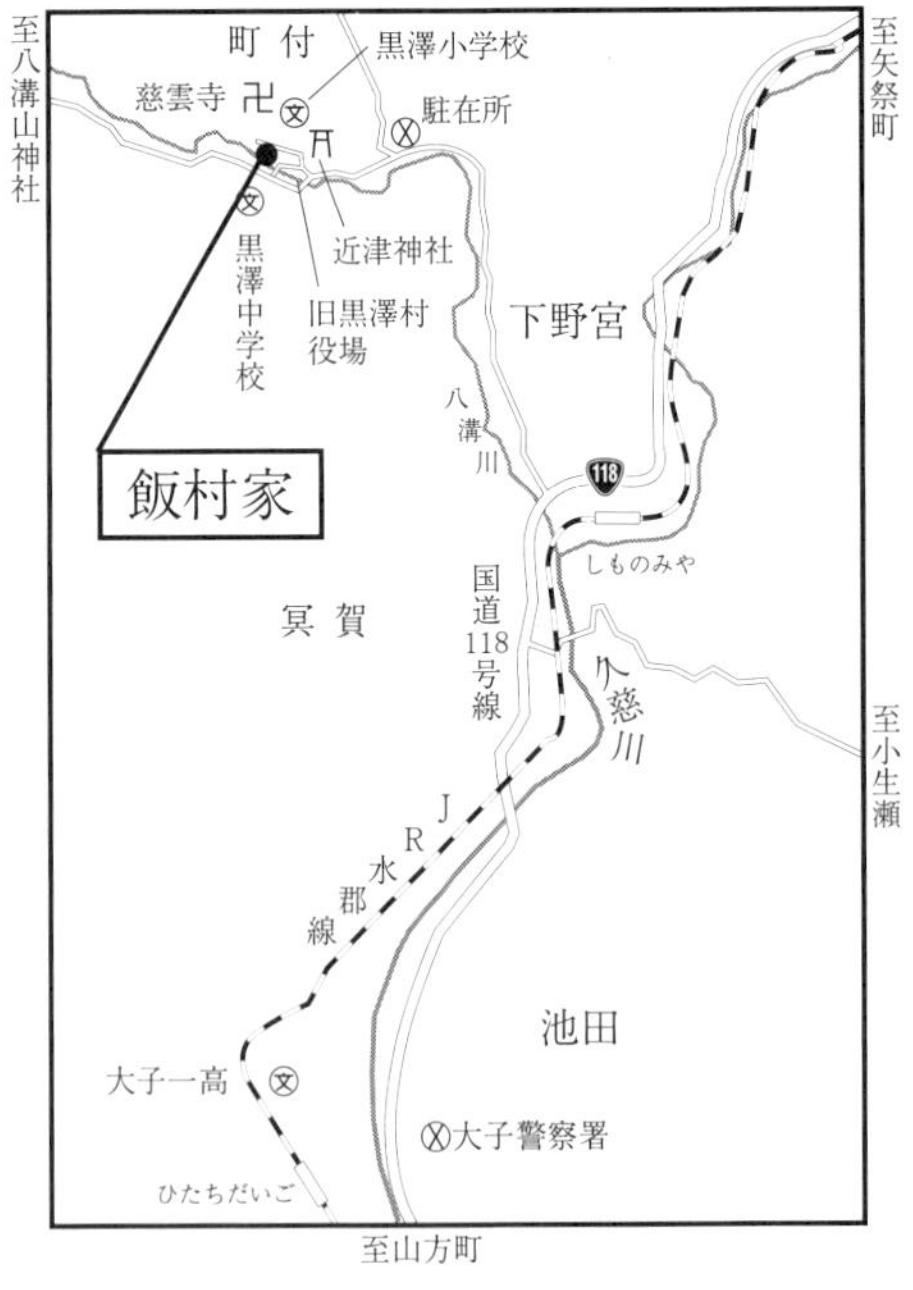

飯村家周辺略図

栃木県那珂川町

梅平大金家と那須国造碑

日本三古碑といわれるものがある。宮城県多賀城市にある「多賀城碑」、群馬県吉井町にある「多胡碑」、そして栃木県湯津上村にある「那須国造碑」の三碑がそれである。このうち「多賀城碑」と「那須国造碑」の二碑は、義公が保存をはかった碑として、研究者の間にはよく知られている。今回、馬頭町付近の義公ゆかりの史跡を案内する機会があったので、「那須国造碑」について書いてみよう。

この碑については、江戸期から注目されており、多くの学者の研究するところとなっているが、なんといっても義公の保存なくして、その後の研究の発展は無かったといって良いであろう。

事の発端は、天和三年（一六八三）、義公が馬頭方面に巡視に出かけたことに始まる。当時の馬頭村（現栃木県那珂川町）は水戸藩領に属し、梅平という所に大金重貞という人物が居住していた。義公巡視のおり、重貞は自らまとめた『那須記』の一冊を献上する機会があった。那須地方周辺の伝承をまとめたこの本の中には、たまたま「那須国造碑」についての一文があり、これに目を止めた義公は、思うところあって古碑について詳しく尋ねたという。重貞が書いた文には、磐城の僧円順が湯津上村の叢に埋れていた石碑を発見し、小口郷梅平の重貞に知らせたので、重貞は碑を調査したことが書かれていたからである。

それから四年後の貞享四年（一六八七）、義公が再び馬頭村を訪れた時、侍臣佐々宗淳に命じて碑文を解読させたところ、歴史上貴重な史跡であることが判明した。義公は碑の保存のため、早速湯津上村の用地買収や、碑堂の建設計画を立て、大金重貞にその仕事を命じたのである。碑のある湯津上村は、那珂川を挟んで馬頭村の対岸にあり、天領や旗本領であった。保存上困難な問題が起る可能性もあり、慎重を期したが、大金重貞はまさにうってつけの人物であった。

さて、古碑はといえば、花崗岩を磨いた表面に一行十九字、八行百五十二文字が刻み込まれ、六朝風の格調高い書体が用いられていた。碑文は、

永昌元年己丑の四月、飛鳥浄御原の大宮より、那須の国造追大壱《ついだいいち》なる那須直韋提《いで》は、評督《こおりのかみ》を被り賜う。歳《ほし》は次《やど》る庚子《かのえね》の年正月二壬子《みづのえね》の日辰の節《とき》に殄《みまか》りぬ。故《かれ》意斯麻呂《おしまろ》等碑銘を立て、偲びて尓《しか》云う。

仰ぎ惟《おもん》みるに、殯《ひん》公は広氏の尊胤にして、国家の棟梁たりき。一世の中重ねて弐照《じしょう》せられ、一命の期《とき》連ねて再甦《さいそ》せ見《ら》る。骨を砕き髄を挑げ、豈前恩に報いんや。是を以て曽子の家に嬌子《きょうし》有る

こと无《な》く、仲尼の門に罵者有ること无し。孝を行うの子は、其の語を改めざりき。夏《おおき》なる堯が心を銘し、神《こころ》を澄め乾《とく》を照やかし、六月の童子も香りを意《おも》いて坤《とく》を助け、徒《たみ》の大《にぎわい》を作さん。合《まさ》に言《ここ》に字を喩《つ》ぐべし。故《かれ》翼無くして長《とこしな》えに飛《かけ》り、根无くして更に固まると。

（『那須国造碑』「中國・日本史學文學研究会」をもとに作成）

とある。永昌元年、那須直であった韋提という人物が、飛鳥浄御原の大宮から評督に任命されたが、庚子の年に亡くなったので、その子意斯麻呂らが碑を建て、韋提の遺徳を記念したものである。「永昌」は唐の年号で、わが国では持統天皇三年（六八九）にあたるとされている。年号などから判断すると、文章を起草したのは帰化人の子孫と考えられるであろう。亡くなった那須直韋提は豊城入彦尊の後裔広来《ひろき》津《つ》氏の子孫といい伝えられ、よく徳を以て人々を教化したのであろう。子孫や恩恵を受けた帰化人などが、その恩に報いようと、その事績を碑に刻んだ。しかし、その解釈となると、後世においては難解なところもある。

例えば義公や宗淳は、「那須直韋提」の部分を「那須宣事提」と解し、これを官職と考えたので、その人名を特定する必要が生じた。そこで近くにある古墳群がこれに関連すると推定し、発掘調査に着手する。元禄五年（一六九二）二月十三日、現在の下侍塚古墳発掘のため、近くの馬頭院住職に頼んで地鎮祭を執行し、誌石などを探し求めたが発見出来なかった。次に上侍塚古墳の発掘を試みたが、やはり国造碑との関連を示すものは見出せなかったのである。三月一日、出土品は箱に納め、丁寧に

侍塚古墳

元の場所に埋め戻している。

この碑の修復と古墳の発掘にあたっては、義公の命を受け、佐々宗淳が指揮をとり、大金重貞と多くの手紙をやりとりをしている。元禄五年二月付の重貞宛宗淳書簡をみると、発掘は「下之塚五尺程ほらせ候由」等とある。しかし多くの苦労にもかかわらず、二つの古墳からは、披葬者を特定できるものは出土せず、国造碑とのかかわりを示すものは発見出来なかった。このことは、いかにも残念であったに違いない。

鏡や太刀などの遺物が出土したという報告を受けた義公は、それらを丁寧に筆写記録させた上で、全てを松材で作った箱に収め、再び埋め戻させた。

大金重貞の『湯津神村車塚御修理』によれば、

> 上塚願申出候分、長壱尺八寸、横壱尺、高さ八寸ノ板ノ箱ニ入、釘打ニシテ松やにを四方へところめかけ、墓ニうつミ申候。下塚右諸道具、松板ノ長壱尺、横七寸、高七寸之箱ニ入、松やにヲとろめかけ、右塚へ三月一日ニ両所ニ納申候。

とあるから、二つの古墳からの出土品は、松材で箱を作り四方を「松やに」でかため、将来永く保存できるよう考えたものである。さらに箱の蓋には、次の文章まで添えている。

下野国那須湯津上村に大墓あり。何人の墓か知らざるなり。墓の制度たる是侯伯連師の墓なり。是れ歳は元禄壬申之春、儒臣良峯《よしみね》宗淳に命じて塋域を啓発す。若し誌名有らば、其の名氏を知り、則ち碑を建て文を勒し、もって不朽に傳へんと欲するなり。

惜しいかな惟だ折刀破鏡の類ありて銘誌有る莫し。是に於て蔵を瘞め、旧によりて新たに封を加へ四周を築き、松を戴して其の崩壊を防ぐと云ふ。

前権中納言従三位源朝臣光圀識

大意は、相当な身分の人物の墓と思い、発掘によって氏名を明かに出来れば、碑を建て名を銘して永く後世に伝えようとしたが、残念ながら果たすことは出来なかった。そこで出土品は元のように埋め戻し、古墳の周囲を修復して、その崩壊を防ぐため松を植えた、とある。

義公の礼を尽した発掘と保護があったからこそ、二つの古墳は今日に至るまで盗掘や崩壊の危険から免かれ、地元の自治体や人々により、立派に保存されて来ているといってよい。しかもこの二つの古墳は、わが国屈指の美しい古墳として高い評価を受けているのである。

考古学の権威として知られる斎藤忠氏は、『那須国造碑・侍塚古墳の研究』序文の中で、

思うに那須国造碑、上・下侍塚古墳は、その発掘・発見の経過、保存顕彰の沿革において、学史や文化財保存の歴史において、それぞれ重要な意義をもつとともに、那須国造碑は、金石文と

那須国造碑をまつる笠石神社

> して高い価値をそなえ、上・下侍塚古墳もまた前方後円墳として学界に周知されている。ことに碑の考証や保存、古墳の発掘をめぐって、徳川光圀・佐々宗淳が関係したことにおいて、学史の上に光彩を添えている。（中略）
>
> 一方光圀建立の笠石神社は、碑堂も境内も荒廃が少なく、創建当時のたたずまいを、ほぼそのまま今に伝えている。光圀以後、長年にわたる補修・管理の結果であって、事に当った水戸藩・大金家・湯津上村の尽力を多としなければならない。国造碑堂の建立修復から派生した助郷問題に他領である水戸藩が深くかかわったのは、二つの問題が不可分の関係にあったためである。水戸藩の配慮と経費の負担がなければ、国造碑が今日まで無事でありえたかどうか、これは確言できない。

と記している。義公による保存過程を、史料などからつぶさに検討して書かれたのであろうが、実に当を得た評価であるといえよう。

その大金家を訪ねるため、筆者が栃木県馬頭町に向ったのは、平成十五年（二〇〇三）五月五日、子どもの日のことであった。『馬頭町史』によれば、大金氏の出自は、美濃国（岐阜県）に勢力を張った土岐氏であるといい、永禄年間に、第六代目にあたる重宣という人物が、現在の梅平に館を構えたのに始まるという。以来代々相承けて約四百五十年、この地に居住している。

しかし、当時あったとされる土塁はほとんど姿を消して農地となり、小口川が周囲をめぐる要害の地に、トタン屋根の古い長屋門と旧母屋、それに新築成ったばかりのモダンな家が、近くの県道からながめられる。

長屋門は義公時代からのもので、この日は祝日ということもあって正面に国旗が翩翻とひるがえり、銀色のトタン屋根と共に五月の青空に映えて美しかった。門を入ると、新築成ったばかりの家から、現当主大金重明氏が出て来られた。突然の訪問であったから、訝かしく思われたようであったが、名刺を差し出して来訪の目的を告げると、快く応じてくださった。

聞けば、この土地の名家ということもあって来訪者も多く、対応も大変という。「中にはかなり困ったグループもあるんですよ」といって苦笑された。わが国の戦後教育の中にあっては、歴史や文化的価値のあるものに対する関心や敬意の念は、養なわれることはなかった。貴重な文化遺産などをどう後世に伝えていくか、今大きな課題を背負わされているといって良い。

重明氏は自ら広い屋敷内を案内し、いろいろと説明をして下さった。屋敷内には古い土蔵や、義公時代からと思われるような古木が、あちこちに生えている。その中には、義公御手植えと伝える梅の古木もあったので、カメラに収めた。また新家屋の西隣りは旧母屋で、義公御成りの際に使用された

大金家表門と旧母屋

建物であるという。屋根の東側の一部が切り取られているが、主要部分はそのままであると見た。「中は整理が済んでいないので今回はお見せ出来ませんが」と重明氏はいわれるので、今回は見せてもらうのは遠慮した。

さて、義公が馬頭の地を訪れたのは、いつのことであったろうか。いろいろな資料にあたると、初回は寛文三年（一六六三）十月であろう。威公のあとを嗣いで二年後、「御国廻り」と称して、高萩、大子、大山田を経て馬頭に入り、一泊して三十日に水戸へ帰城している。二度目は延宝元年（一六七三）、三度目は先に書いた天和三年（一六八三）六月で、『水戸紀年』には、

公馬頭小砂及那須七騎ノ旧館ヲ観玉フ、此時大金重貞『那須記』ヲ献ス

とある。国造碑をめぐる重貞との運命的な出会い

の時である。

四度目は貞享四年（一六八七）九月である。北辺巡視に出た義公は、二十三日に馬頭入りし、翌二十四日遂に湯津上村の古碑を修復するよう命ずる。碑の保存がいよいよ実現に向かう時である。

元禄四年（一六九一）になると、義公の命を受けた佐々宗淳が工事観察として馬頭に入り、重貞の嫡子大金小右衛門方に留まって碑堂建設等の指揮をとった。基礎工事が開始されるのは三月中、完成するのは翌五年（一六九二）四月七日のことである。

六月になると、義公は馬頭を訪れ、碑堂完成の様子を実見することになるが、これより先四月十一日、大金重貞は西山荘に出向き、碑堂工事完了の報告を直接義公にして、金子を拝領している。

六月下旬、碑堂完成と二つの古墳の修理状況を検分するため、義公は馬頭に向け出発する。二十四日大金家に一泊した義公は、二十五日完成した碑堂を拝し、その晩百介方に一泊するが、『水戸紀年』にこの時のことが記されている。

西山公馬頭湯津上等處々遊覧梅平(久)平左衛門カ家ニ宿シ玉フ。膳夫一人モ召供シ玉ハス、明朝飯ヲ献スヘキ旨命セラル。

鱠ハ大根、鰹フシ汁、根イモ煮物、ムシナス、紫蘇ノ葉ツツミ、焼物鮎、主人自ラ調整シテ献ズル所ナリ。公殊ニ塩梅等ヲ賞セラレ猶其獻立ヲ所望シ玉ヘリ。此時古碑大墳墓上覧アリ。

梅平の大金家では、二十五日朝、重貞自らが献立を作り、義公に食事を出したことが記されている。

料理は余程義公の口に合ったものとみえ、「献立ヲ所望」したとある。あるいは重貞が料理上手であることを聞き及んでの注文であったかも知れない。義公自身、うどんやそばを打ち、料理にまで精通していたことは、すでに書いたところである。

二十五日、重貞の案内によって完成なった碑堂を拝した義公は、帰路重貞の子小衛門宅に立寄り、夕飯を食べ、「父子に盃を賜」わった。これまでの碑の保存、碑堂建設、古墳の発掘等に携わって来た、大金家の長年の苦労をねぎらったのである。

那須国造碑や二つの侍塚古墳が今もって立派に保存され、古代史に関心を持つ人々を引き付けて止まないのは、義公の深慮遠謀と大金家代々の人々、さらに水戸藩当局の心のこもった処置にあったといってよい。

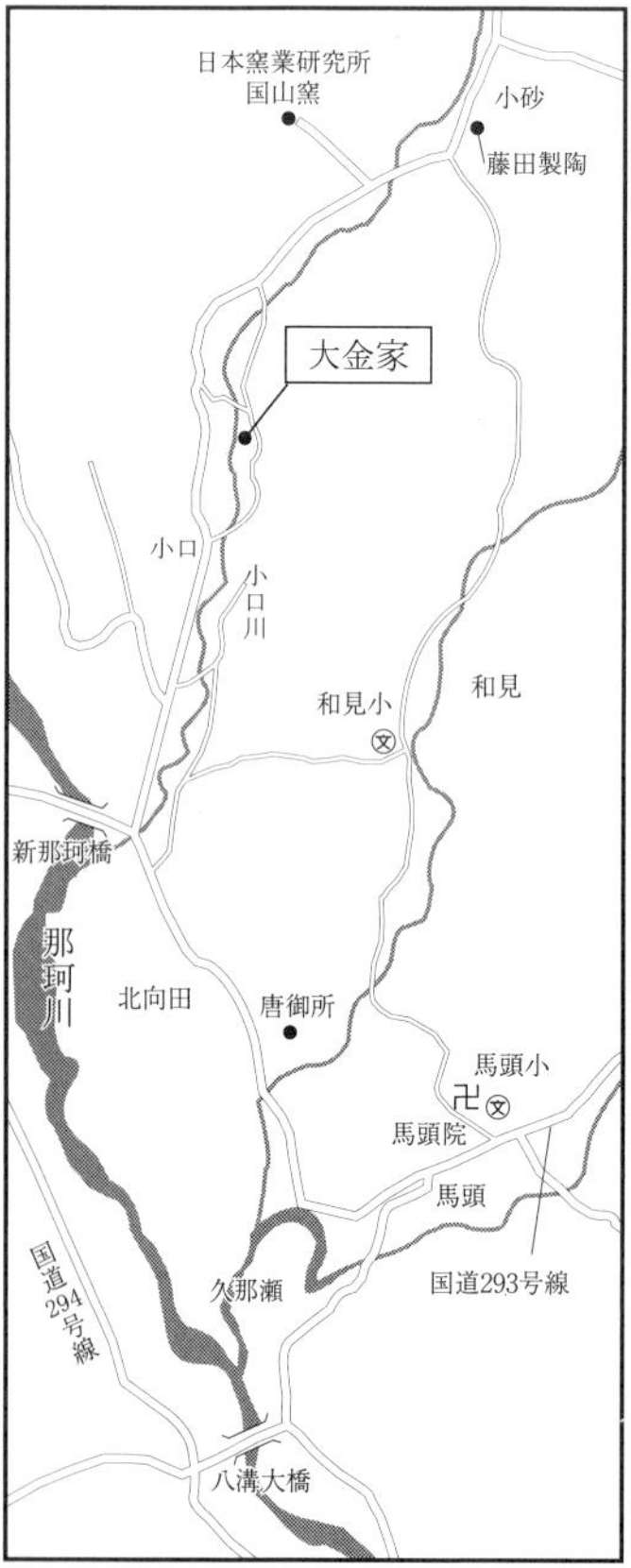

栃木県那珂川町大金家周辺

日乗と元政上人

一　義公光圀の宗教政策（序にかえて）

義公光圀は父頼房の薨去により、寛文元年（一六六一）八月十九日、常陸二十八万石を襲封することになったが、その悲しみもかわかぬ同年十月十四日、生母であった谷氏も失うという、大きな不幸に見舞われることになる。しかし、藩主としての責任の重大さを認識していたのであろう。寛文三年（一六六三）になると就国して父頼房の墓を拝した後、九月諸士の諸掌を定め、十月には領内をくまなく巡視している。

この巡視は、田中内（現日立市大和田町）を皮切りに、荒川、大塚、大子、町付、佐貫、馬頭（現栃木県那珂川町）へと、常陸の那珂、久慈、多賀三郡、下野の那須、武茂《むも》に至るまでの領内を巡廻した[1]もので、藩主としての民情視察と、領内の実情把握という意図を有するものであったと思われる。

寛文五年（一六六五）になると寺院改革に着手し、水戸領内の淫祠三千余を潰し、翌年には新建の寺院を廃した。『桃源遺事』を見ると、寛文五年西山公御領内の淫祠三千八十八御除なされ、又縁起のたしか成社をは御修復遊し、神職の者をも官位・社料等夫〳〵に被二仰付一候。又翌年新地の寺院九百九十七御のそき、三百四十四寺の僧の破戒なるをハ御諭し被レ成候而百姓に被レ成候。(2)

とある。当時水戸藩内の村々には、それぞれに仏寺院の類が何か所かあり、中には怪しげなものもあって、農民の負担も多かったと想像される。そこで、農民の経済的負担の軽減と、宗教界の粛正をはかる為に行われたのがこの改革である。寛文三年の領内巡視は、そのような実情も確認するためであったろう。

しかし一方では、社寺は領民の心の拠り所であり、崇敬の対象でもあったことから、由緒ある社寺の廃れたものはこれを復興したり、あるいは修復をしたりしている。再び『桃源遺事』を見ると、

古跡の廃寺等みな修葺興復被レ成候。且能僧を御まねきなされ候。稲木村久昌寺へは京都本國寺の僧正日隆《にちりゅう》住職いたされ、中河内村那珂郡宝幢院へハ僧正以傳來られ、水戸吉田茨木郡薬王院へは僧正良運來られ、岩舟鹿島郡願入寺へは恵明院瑛兼本願寺琢如子也來る。常盤郡茨城郡水戸城下天徳寺へハ大明国の僧心越《しんえつ》禅師住職せらる。

あるひハ談林を御開き、或ハ法式、法衣を御改被レ成候故、諸宗悉く是に帰し、碩学英才の出家、遠國他郷よりも被レ参候。

西山公常々御たわむれに我が宗旨ハ釈迦宗也と仰せられ候。(3)

とあるように、光圀が宗教改革にどれほど熱心であったかが知られよう。藩内外から有徳の憎を招いて古刹などに配置していることから考えると、領民に対して果たす仏教の役割を認識するとともに、むしろ積極的にその教化をはかろうとする形跡さえ見えて来る。光圀三十八歳の時のことである。

それから三十余年後の元禄十年（一六九七）七月、光圀は第五代将軍綱吉の命によって参府した時、乞われて『大学』の一章を講義した。その眼目「修身治国平天下」の要は「至善に止まる」(4)であったことから推察すると、その若き日より藩主として一貫して心掛けたことは、その「あるべきよう」であり、目標はわが国全体の「あるべきよう」であったことは疑いない。この頃の光圀は青年藩主として、藩内の民度の向上をいかにはかるかに心を砕いていたことが知られる。

二　日乗上人の招聘

稲木村久昌寺には、京都本圀寺の日隆を住職としたことはすでに述べたが、天和三年（一六八三）になると、寿遠院日遵《にっそん》を招いて僧侶の学問道場である三昧堂檀林《さんまいどうだんりん》を開いた。この檀林には全国からの修行憎が集まり、多い時には三千人を収容していたという。この三昧堂檀林の特徴は、宗派を問わず修業僧を受け入れたところにあり、一宗一派にこだわらない光圀の方針が徹底された。(5)

光圀の願うところは、この檀林より優れた僧侶を輩出し、将来にわたってわが国の仏教界を刷新しようとしたところに、その雄大な計画があったと推測されるものである。このようなところにも、光圀の改革者としての側面を見ることができる。

さらには、摩訶衍庵《まかえんあん》という塔頭《たっちゅう》を建て、京都から元政上人の高弟皆如院日乗《にちじょう》を招いて、その開基とした。(6) 塔頭とは、寺の中にある別坊のことであるが、世の僧侶が堕落するのは、権門に媚びたり金銭に執着するところがあるからであるとして、久昌寺の寺務は、すべてこの日乗に任せている。日乗という人物がいかに信頼されていたかがわかると共に、寺院の浄化を志向していた光圀の意図も感ぜられる。

日乗は、日頃からまめに日記をつけていたことから、その日記は『日乗上人日記』として周知のことであるが、これに眼を通してみると、光圀の動きや、日乗の生活振りが事細かに知られる。日乗の日々の勤行が怠りなく努められているのは当然としても、ある時は光圀の和歌や詩歌の唱酬の相手をつとめ、またある時は寺院関係の人事の相談に与るなど、その職務に精励している様子が十分に伺えよう。

一例をあげよう。元禄九年（一六九六）二月二十五日、日乗は会津から招聘された日周に挨拶をするため年数村《としかず》（現常陸太田市利員）の常寂光寺を尋ねている。(7) 光圀が元政上人の弟子である日周を招聘したのは、京都から仏門に入るため三昧堂檀林に留学に来た大炊御門経光卿の二男の傅役に任ずるためであったが、それには同門の日乗がかかわっていたと推測される。

一方、当時三昧堂檀林の最高指導者たる能化《のうげ》は、日輝《にっき》という人物であった。しかし元禄十年（一六九七）六月になるとその日輝は隠居することが決まっていたので、その後の能化を誰にするか後任の人事問題が浮上していた。光圀は、その後任として会津浄光寺の日省を招いたが、その日省《にっしょう》も翌元禄十一年（一六九八）になると、日蓮宗本山の身延山久遠寺住職となって栄転してしまう。光圀から再び候補者を選ぶよう内命を受けた日乗は、(8) そこで京都本圀寺日近《にっきん》、小湊誕生寺の日迨《にったい》、会津浄光寺の日慈《にちじ》などとの折衝を試みている。(9)

しかし、それぞれ事情があって、どうしても招聘は困難を極めていた。そこで日乗は遂に、常寂光寺の日周《にっしゅう》を能化に推薦することにした。この間の日乗の周旋は容易なことではなかったはずであるが、折衝が効を奏し、元禄十二年（一六九九）十一月二十六日、日乗は西山荘に呼ばれ、身延山から日周を三昧堂檀林の能化とする許可が出たことを、光圀から知らされたのである。やっと日乗の努力が日の目を見た瞬間であった。

『日乗上人日記』をみると、

御用とて人々御前ヲ去ル。ちかく召テ被レ仰ハ、一昨日申セし事能々御了簡あるに、先今度ハ一度日周師ヲ能化ニ可レ被レ遊由思召仰付られし也。いかゞあらんやと被レ仰し間、是ハ一昨日も申上しごとく、其身ノ外聞忝御事と奉レ存よし申上し也。(10)

とある。「御用」とは以下のことであろう。十一月八日、日周が隠居の願あると聞きつけた光圀が、その理由を日乗にただした。日乗は、「三昧堂の能化にも請待されるわけでもなく格下の寺から能化が招かれたとすれば、日周は片見が狭い事でしょう」、と答えたことに対する光圀の解答である。[11] これによって、日乗の推薦によって事は決したことが証せられよう。このように内々で光圀が日乗に相談していることは、光圀の日乗に寄せる信頼が並々でなかったことを有力に物語っている。

三　日乗の師元政上人

日乗はもと〳〵京都に於いて修業に励んでいた。師としたのは、京都深草にある瑞光寺の元政《げんせい》上人である。元政は元和九年（一六二三）、一条戻橋の近くで生まれている。父は安芸国毛利輝元の家臣であった、石井元好という人物である。元政の幼名は俊平又は源八郎といい、寛永十二年（一六三五）十三歳の時、彦根藩井伊家に仕官している。

しかし仕官して六年後、十九歳の時に病気となり、それ以後健康に恵まれなかったので、二十六歳で京都に帰り、出家して僧侶の道を歩むことになる。『續近世畸人《きじん》伝』によれば、出家の志を持つに至ったのは寛永十八年（一六四一）、江戸在勤中に病気を煩って一時京都に帰り、母と泉州和気村（現大阪府岸和田市）にあった妙泉寺に参詣した時である。

伝えるところでは、元政はこの折たま〳〵妙泉寺で日蓮の像を拝し、「三願」の誓いを立てたという。「三願」の誓いというのは、

曰く出家せん
曰く父母に孝養を竭さん
曰く天台三大部を読了せん(12)

の三つのことである。このうち天台三大部というのは、天台宗において最も尊重されて来た仏典のことで、梁の時代（五〇二～五五六）智顗《ちぎ》が著わした『法華玄義《げんぎ》』、『法華文句』、『摩訶止観《まかしかん》』の天台宗の根本経典三部をいう。

元政はこの年の六月、京部泉涌寺《せんにゅうじ》の加周律師の法華経講義を聴聞して、出家の志を堅くしたが、翌寛永十九年（一六四二）二十歳の時に一旦彦根に戻り藩士として勤務した。しかし出家の意志止み難く、正保四年（一六四七）致仕して京都の両親のもとに帰り、翌正保五年（一六四八）二十六歳で得度、京都の日蓮宗妙顕寺十四世日豊上人のもとに参じたのが、僧侶としての第一歩である。

妙顕寺は、日蓮上人の直弟子日像の創建にかかり、元亨元年（一三二一）に建てられた、京都における最初の日蓮宗寺院で、今もって隆盛を保っている。寺は京都の北のはずれにあり、両親の家は南のはずれ九条村にあったから、元政は両親を一条通りの家に移し、そこで孝養を尽くした。「三願」の誓いの一つである「父母に孝養を竭さん」という誓いを、堅く守ったのである。実に元政は、孝行の人であった。

また元政は、「名利に背を向ける」ことを生涯貫いた人としても知られている。承応三年（一六五四）

紀州和歌山藩主徳川頼宣は、その生母であった養珠《ようじゅ》夫人のために、養珠寺という寺を建てた。元政上人の人柄を見込んでゞあろう、頼宣は養珠寺の住職に是非にと願ったが、元政は病と称してこれを辞退した[13]。御三家の藩主のたっての願いとあれば、これをことわる理由はない。世間一般には出世であり、非常な名誉であったろう。しかし「三願」の誓いを立てた元政にとって、地位や名誉は問題にするところではなく、むしろ迷惑ですらあった。己の向上に専心する身にとって、立身出世は邪魔物にすぎなかったのである。

翌明暦元年（一六五五）になると、師の日豊上人は、江戸にある池上本門寺の貫主として招かれることになった。元政に再び転機がおとずれた。日豊上人に従って江戸に行くべきか。行けば間違いなく将来は約束される。元政にはそのための学力も力量も充分に備わっていた。しかし、またもや元政はこれを避けた。避けたばかりか、妙顕寺から洛南の深草という所へ、秘かに退いてしまったのである。そうして、称心庵という草庵を建てて、ここに移り棲んだ。すると、せっかく九条から一条に引越しした両親は、再び遠ざかることになってしまった。そこで翌明暦二年（一六五六）、再び両親を九条にあった旧宅に移し、孝養を尽すこと旧に倍したという。元政の「三願」の求道の精神は此の如くである。

その深草への引退は、誰にも知らせずに行ったようであった。『江戸詩人選集』を見ると、明暦三年（一六五七）正月の詩に、「新居」と題する五言詩があることからも察せられよう。

新居人未知　　新居人未だ知らず

春独偶然来　　春独り偶然に来たる
洗鉢覚泉暖　　鉢を洗いて泉の暖なるを覚え
転経試日遅　　経を転じて日の遅きを試む
靄雲鎖幽戸　　靄雲《あいうん》幽戸を鎖《とざ》し
芳艸出疎籬　　芳艸疎籬《そり》に出ず
松竹得其所　　松竹その所を得たり
松丘雪解時　　松丘雪解くるの時

現代語訳にすれば次のようになろう。

世俗を厭い、人影もまばらな深草にひっそりと往んでみたが、そのことはまだ誰も知らない。そこに春がひょっこりやって来た。食器を洗っていると、水が暖く感じられる。ひがな読経をしていると、日が延びたのであろう。いつまでも明るい。

人里離れた住まいだというのに、さらに雲が立ち込めて庵を隠している。ふと垣根を見れば、香ばしい草花が顔を出して来た。丘の林の雪がしだいに融けてきているなかで、松や竹は新年にふさわしい所を得ていることであるよ。

この詩が詠まれると、直ちに都の人々の知るところとなり、詩人としての元政の評価は急速に高まったと伝えられる。「新居」の五言詩は、元政上人の清浄な人柄と、心の平明な境地を示して余りあるものであろう。

四　詩人元政上人

元政の作詞についての力量が相当なものであったことは、寛文二年（一六六二）の作とされる五言詩からも伺うことができよう。「和ス二欧陽読書ニ一詩」と題するこの詩は、宋の詩人欧陽脩《おうようしゅう》の「読書」という詩に次韻したものである。

欧陽脩の詩は、

吾生本寒儒　　吾が生本寒儒
老尚把書巻　　老いて尚書巻を把る
眼力雖已疲　　眼力已に疲るると雖ども
心意殊未倦　　心意殊にいまだ倦まず

で始まる、全七十句の五言詩「読書」のことである。

元政の五言詩は、その韻字三十五字のうち、四十四句目の「儒」を「擩」に代えた以外は、すべてそのままの順序で用いている。しかもその内容に至っては実に奥深いものがある。最初の十句を掲げよう。

脱俗入無為
餘習未釈巻
病来雖力衰
転書猶忘倦
多羅辨偏円
名義析梵漢
膠膠慕古人
好読高僧伝
手執半満書
毅然任独断
心地坦蕩蕩
無人挑法戦
我昔強論理
峕峕肌有汗
今不求甚解
従容凭書案

俗を脱して無為に入る
餘習《よしゅう》未だ巻を釈《す》てず
病来力衰うと雖ども
書を転ずれば猶倦むことを忘る
多羅《だら》偏円《へんえん》を辨じ
名義梵漢《ぼんかん》を析《わか》つ
膠膠《こうこう》として古人を慕い
好みて高僧伝を読む
手に半満の書を執りて
毅然として独断に任す
心地坦《たいら》かにして蕩蕩《とうとう》たり
人の法戦を挑むこと無し
我昔強いて理を論ず
峕峕《ざんざん》として肌に汗有り
今は甚しく解せんことを求めず
従容として書案に凭《もた》る

香火以事仏　　香火以て仏に事え
長不干世宦　　長く世宦《せかん》に干《あずか》らず
身纏百納衣　　身に百納衣を纏《まと》いて
自忘貧与賤　　自ら貧と賤とを忘る(15)
（以下略す）

大意は次のようである。

出家して以後も読書の習はやめることが出来ない。病弱で体力は衰えているが、書物をひろげると飽きることはない。経典を見て教説の優劣を判断し、その意味をインドやシナの原義にさかのぼって解きあかす。

好んで古の優れた先人に思いをよせたり、僧侶の伝記を読んだりしている。また大乗や小乗の仏典を見るが、判断は自分自身で下す。心はゆったりとしており、人が法論を挑んで来ることもない。昔は理屈をこねたり、人と汗を流して論争したこともあったが、今は陶淵明のように意味の通じないところはそのままにして、ゆったりと机によりかかって読書するばかりである。

寛文二年（一六六二）の作とすれば、元政四十歳の時の詩である。ひたすら仏につかえて「世宦に干らず」、いつしか貧と賤までも忘れてしまっていると詠じ、俗事煩悩の妨げから自らを解放し、自由の境地に遊ぶの感がある。このような僧侶を高僧というのであろう。

また、寛文元年（一六六一）の春に作った「春夜不レ寝、戯ニ和ス二袁中郎漸漸詩一ニ」という五言詩がある。題中の『袁中郎』というのは明代の詩人で、名は宏道といい『袁中郎全集』がある。万治二年（一六五九）母に従って身延山に参詣に行く途中、名古屋で明人陳元贇という人物に出合い[16]、元政は袁中郎の存在を知る。

「明末の矛盾を孕んだ時代」に生きた袁中郎は、二十五歳で会試に合格すると、次第に「性命の学」にひかれていったという。

凡そ学を為すは皆自己の生死の根因を窮究し、自家の性命の下落を探求せんがためなり

というのが、性命の学の眼目であるという。今日でいえば、「人生いかに生くべきか」の問題を考え、それを実践しようとするものであるといえる。それが文学となるとき、作詩においては「自家の性命の下落《ゆくえ》を探求」する方便となる。中郎はそれを「真詩」といったという。また中郎は、師と仰ぐ李卓吾という人物に出会うことにより、

善く学ぶ者は心を師として道を師とはせず、善く詩を為す者は森羅万象を師として先師を師とはせず。

という考えに至る。要するに詩の精神は、「仮を絶って真純に真なる」本心を詠み出すことに外ならず、何時代の詩を学ぶべきかなどということは、問題とするに足らないというのである[18]。

元政が陳元贇に会って袁中郎を知り、中郎の考えに共鳴して詩の本然の姿を見出し、作詩に反映さ

せていったことは疑いないところであろう。
元政の『漸漸詩』はこうである。

春水漸漸深　　春水漸漸に深く
高岩漸漸卑　　高岩漸漸に卑《ひく》し
百花漸漸満　　百花漸漸に満ち
円月漸漸虧　　円月漸漸に虧《か》く
学者漸漸繁　　学者漸漸に繁く
道人漸漸稀　　道人漸漸に稀なり
文章漸漸盛　　文章漸漸に盛んに
真風漸漸衰　　真風漸漸に衰う
仏儒博稽古　　仏儒博く古を稽《かんが》え
禅誦亟失時　　禅誦《せんじゅ》亟《しばしば》 時を失う
舎己欲随物　　己を舎てて物に随《したが》わんと欲すれば
物反与己離　　物反って己と離る
太末不泊餤　　太末《だま》餤《ほのお》に泊《とどま》らず

雅俗自参差　　雅俗　自《おのずから》ら参差《しんし》
請息諸縁務　　請う諸《もろもろ》の縁務を息《や》めて
長随天人師　　長く天人師に随《したが》わん(19)

解釈すれば次のようになろう。

春になって河川が増水すれば、高い川中の岩は段々低く見え、たくさんの花が咲き出せば、満月は欠けてくる。知識を求める人は増えて来たが、真理を体得しようとする人はかえって少なくなった。文章をもてあそぶ人の数は多くなったが、本当の文学は衰退の一途をたどる。

仏教学者は仏陀の時代を研究するが、座禅や誦経は逆におろそかになっている。小さな我執《がしゅう》を取りさって森羅万象の動きに従おうと思えば、万象はかえって離れてしまう。

虫は何にでも飛びつくが火焔の中だけは逃げ出す。人もまた真実の智慧には、なかなか志を集中させせない。本来の正しい道と、正しくない行為と、人間のなすことはちぐはぐで、真理から遠ざかる。願わくは一切の俗事から離れて、如来の真実のうちに生きたいものだ。

現代にもそのまま通用するような世間の有様を、批判的に詠んでいるこの詩には、深く人間の心の奥底まで知りぬいた元政の、「仮を絶って真純に真なる」本心を吐露する精神が表われている。

五　義公光圀と元政上人

元政の棲んだ深草には、その人柄の高潔さや学問の深さにひかれて、多くの僧が入門を求めて来たという。また当時の文人や学者なども交わる者が多かった。石川丈山、熊沢蕃山、鵜飼石斎、明人陳《ちん》元贇《げんぴん》などがその代表であろう。

このような元政であったから、その人柄に水戸義公が眼を付けないはずはない。現に鵜飼石斎の子、鵜飼錬斎は延宝六年（一六七八）水戸藩に仕え、その弟称斎も天和三年（一六八三）兄同様仕えている。[20]また陳元贇はといえば、すでに慶安三年（一六五〇）ごろ、光圀と江戸において会っている。「夏日元贇老人偶《たま》ま予の亭に至る。詩一章をもって相識《そうしき》の符となす」という詞書きのある七言詩には、

萍《ひょうすい》水相縫う小草堂
清談いまだ盡きず斜陽を惜しむ
君に対して何ぞ識らん炎熱の苦しきを
忽ち温公《おんこう》五月の涼を得べし[21]

とあり、青年光圀が元贇と相語った時の、みずみずしい感覚が詠み込まれている。

このような事実から考えてみれば、孝行をもって世間に聞こえ、しかも「世宦に干らず」、「貧と賤」までも忘れるほど仏にひたすら仕え、精進をとげている元政は、常陸の仏教界の刷新には是非とも必

要な人物と、光圀は考えたのではないであろうか。しかしそれは遂にかなわかなった。それを傍証するものとして、寛文八年（一六六八）三月十八日に四十六歳で元政が示寂した時、光圀ははるばる次のような弔歌を寄せている。

鷲の山わけてえがたき道ぞとはふみみていまぞ思い知らるる(22)

元政上人の辞世の歌は次のようであった。

鷲の山つねに住むてふ峰の月かりにあらわれかりにかくれて(23)

「鷲の山」は、シャカがその教えを説いた霊鷲山《りょうじゅせん》のことである。仏陀は不生不滅であり、生死涅槃などあるはずはない。

元政自身も仮に現れ、仮に遷化するのであって、実際は常にここにあって法を説く、という意味である。法を信じて生きた元政の絶対的境地をそこに見ることができる。

それは光圀にとっても、立場こそ違え、同じ感慨を持つものであり、両者の死生観には何か共通するものが感じられる。元禄四年（一六九一）五月九日、致仕して西山荘に入った光圀は、書物以外の物は何も持ち込んでいないといってよいほど質素な生活を送っている。また、西山荘に棲んで以来、領内を巡視すること毎年におよび、くまなく民情を視察して領民に接しているが、駕籠や馬に乗ることはほとんどなく、常に徒歩であった(24)。光圀の生活態度は、隠者のそれではなく、むしろ士君子の態度であり修業者のそれですらある。

『梅里先生碑陰并銘』のなかには「月は瑞龍の雲に隠ると雖ども、光は暫《しばら》く西山の峰に留まる」[25]という一文があり、古くから解釈が分かれるところであるが、元政に示している哀惜の情より考えてみれば、元政の辞世の歌にその解釈のヒントの一つがあるようにも思える。即ち、肉体はどこで滅びるかもわからない。それは人知の良く及ぶところではない。しかし自分の肉体は滅びたとしても、「あるべきよう」を歴史上に究明しようした精神は常にここ瑞龍にあり、さらに餘光となって世を照らすであろう、というのではないであろうか。そのような確信が光圀にはあったのではないか。

両者は同時代に生を受け、二十歳前後に学問格段に進み、その若き日の学問に対する感激を終生忘れずに持続させたところや、深草と西山の違いはあっても、学問的土壌をそれぞれの周囲に作り出しているところに、志向の共通性がみられる。寛文八年の元政亡きあと、光圀がその高弟日乗を招聘したのも、藩内の宗教的環境の粛正のためには、当然といえば当然であったと思われる。

註

（1）『水戸光圀の考古学』（栃木県立なす風土記の丘資料館編）二十一頁・四十八頁

（2）『桃源遺事』（水戸史學會編著『水戸義公傳記逸話集』所収）百七十六頁

（3）同右

（4）『水戸史学』「第五十五号」　七十一頁
（5）『水戸市史』「中巻㈠」　八百八十二頁
（6）同右
（7）『日乗上人日記』「元禄九年二月二十五日」の条
（8）同右「元禄十二年五月九日」の条、『常山文集』「巻之八」中の「疏」
（9）同右「元禄十二年十一月八日」の条
（10）同右「元禄十二年十一月十日」の条
（11）同右「元禄十二年十一月八日」の条
（12）『草山元政教学の研究』小林啓善著　十四頁
（13）『江戸詩人全集』「元政略年譜」　三百七十五頁
（14）『江戸詩人全集』「第一巻」　二百頁
（15）同右
（16）『草山元政教学の研究』小林啓善著　十六頁
（17）『中国詩人選集』「第一巻」　百八十三頁
（18）同右　七頁
（18）『江戸詩人全集』「第一巻」　百八十三頁
（20）『鵜飼錬斎眞昌』（名越時正監修『水戸史學先賢傳』所収）但野正弘著　十一頁、百十五頁
（21）『水戸義公全集上』　百七頁

(22)『水戸義公全集中』 百六十一頁
(23)『草山元政教学の研究』 小林啓善著 十一頁
(24)『桃源遺事』(水戸史學會編著『水戸義公傳記逸話集』所収)百五十四頁
(25)『水戸の道しるべ』水戸史学会編著 百五十六頁

あとがき

今思えば、義公について関心をもったのは何時のことであったろうか。母方の祖母が、よく義公について語っていたことを思い出す。高校時代には、親しい友人が金砂郷村（現常陸太田市）の金砂山の麓に住んでおり、遊びに行ったその行き帰りにながめた茅葺屋根のたたずまいに、強い印象を受けたことを思い出す。友人の説明によれば、かつて義公が立ち寄ったという堀江家書院であるという。

さらに、祖母の実家は額田であるが、その頃は鈴木家書院の近くに住んでいた。あとで取材に訪れた時、父に連れられていったときのことを、おぼろげながら思い出したものである。記憶の糸をたぐってみると、筆者が義公の史蹟を訪ねてみようと思い立ったのは、ある意味で必然なのかもしれない。

従って、このシリーズを最も楽しみに読んでくれていたのは、父であり母であったように思う。あらためて鎮魂と感謝の意を込め、今は亡き父にこの拙い書を捧げたい。

また、本書は多くの方々の援助なしでは、到底出来得なかったといって良いであろう。

水戸史學會宮田正彦会長、植草学園短期大学但野正弘教授、清真学園梶山孝夫博士には、史料の提供や校正にいたるまで懇切なる御指導を賜った。元水府明徳会彰考館文庫副館長照沼好文先生はじめ水戸史學會の理事の方々には、暖かい励ましを頂き、どれほど勇気づけられたか知れない。一々その名は記さないが、突然の訪問にもかかわらず、快く取材に応じてくださり、お茶などご馳走になった義公ゆかりの家々の方々には、お礼の申し上げようもないほどである。この場を借りて厚くお礼申し上げる。

最後に、錦正社中藤政文社長には、出版に際し早くからご助言を頂き、かつ便宜を図っていただいた。心から感謝の意を表する次第である。

初出一覧　（　）は原題

義公の引退と田中内大内家（義公の致仕と大内勘衛門家）　『水戸史学』第五十二号　平成十二年六月
磯原野口家　『水戸史学』第五十九号　平成十五年十一月
三反田百色山（百色山）　『水戸史学』第五十五号　平成十三年十一月
那珂湊夤賓閣　『水戸史学』第六十一号　平成十六年十一月
向山浄鑑院　『水戸史学』第六十三号　平成十七年十一月
額田鈴木家書院　『水戸史学』第五十六号　平成十四年六月
大洗願入寺と如晴上人　『水戸史学』第六十号　平成十六年六月
古内清音寺と大忠和尚　『水戸史学』第六十号　平成十六年六月
上圷大森家と萬才藤（大森家と萬才藤）　『水戸史学』第五十四号　平成十三年六月
小島鴨志田家と楓葉（小島楓葉）　『水戸史学』第五十二号　平成十二年六月
大方堀江家書院　『水戸史学』第五十六号　平成十四年六月
新宿根本家　『水戸史学』第六十四号　平成十八年六月
和久後藤家（和久の後藤家）　『水戸史学』第五十五号　平成十三年十一月
天下野會澤家　『水戸史学』第五十八号　平成十五年六月
高倉細谷家　『水戸史学』第六十三号　平成十七年十一月

徳田大森家・里川荷見家と安藤朴翁（里美村と安藤朴翁）　『水戸史学』第五十九号　平成十五年十一月
河合神社と藤花（河合村藤花）　『水戸史学』第五十四号　平成十三年六月
常陸太田久昌寺（太田久昌寺）　『水戸史学』第六十四号　平成十八年六月
耕山寺と楠木正勝　『水戸史学』第五十三号　平成十二年十一月
正宗寺と雷啓和尚　『水戸史学』第五十三号　平成十二年十一月
旌櫻寺観花　『水戸史学』第五十二号　平成十二年六月
常寂光寺と日周上人　『水戸史学』第五十七号　平成十四年十一月
鏡徳寺と大村加卜　『水戸史学』第五十七号　平成十四年十一月
町付飯村家　『水戸史学』第五十八号　平成十五年六月
梅平大金家と那須国造碑　『水戸史学』第六十一号　平成十六年十一月

〈論考〉

日乗と元政上人　『水戸史学』第六十四号　平成十七年六月

〔参考文献〕

『義公全集（上中下）』　徳川国順編
『水戸義公傳記逸話集』　水戸史學會編著
『水戸紀年』　茨城県史編さん委員会
『日乗上人日記』　日乗上人日記刊行会
『水戸歴世譚』　飯島唯一・鈴木成章編
『桃蹊雑話』　石川桃蹊著
『加藤寛斎随筆』　加藤寛斎著
『千年山集』　口丹波史談会編
『義公史蹟行脚』　弓野國之介著
『義公漢詩散歩』　大森林造著
『続義公漢詩散歩』　大森林造著
『新版　佐々介三郎宗淳』　但野正弘著
『水戸史學先賢傳』　名越時正監修
『水戸の道しるべ』　水戸史学会編
『水戸市史』　水戸市史編さん委員会
『日立市史』　日立市史編さん委員会
『常陸太田市史』　常陸太田市史編さん委員会
『那珂湊市史』　那珂湊市史編さん委員会

『那珂町史』　那珂町史編さん委員会
『瓜連町史』　瓜連町史編さん委員会
『水府村史』　水府村史編さん委員会
『草山集』　本山本満寺発行
『草山元政教学の研究』　小林啓善著
『日乗上人日記』　日乗上人日記刊行会
『中国詩人選集』「袁宏道」　入矢義高注
『中国詩人選集』「宋詩概説」　吉川孝次郎著

著者略歴

住《すみ》谷《や》光《こう》一《いち》

昭和21年11月 1日　茨城県那珂郡神崎村に生れる。
昭和40年 3 月　茨城県立水戸第一高等学校卒業
昭和45年 3 月　茨城大学文理学部経済学科卒業
昭和45年 4 月　株式会社常陽銀行入行
昭和47年 3 月　同行依願退職
昭和47年 5 月　水戸市立三の丸小学校講師
昭和48年 4 月　茨城県立笠間高等学校教諭
平成元年 4 月　茨城県立東海高等学校教諭
平成 8 年 4 月　茨城県立佐和高等学校教諭
主な役職　水戸史学会理事

現住所 311-0104 茨城県那珂市堤 217-4

〈水戸史学選書〉　水戸《みと》光圀《みつくに》の餘香《よこう》を訪《たず》ねて

平成十九年四月十九日　印刷
平成十九年五月　七日　発行

※定価はカバーなどに表示してあります。

著者　住谷光一
装幀者　吉野史門
発行所　水戸史学会
茨城県水戸市笠原町九七九—四二
（但野正弘方）
発売所　錦正社
〒一六二—〇〇四一
東京都新宿区早稲田鶴巻町五四四—六
電話　〇三（五二六一）二八九一
FAX　〇三（五二六一）二八九二
URL　http://www.kinseisha.jp/
印刷所　㈱平河工業社
製本所　㈱関山製本社

ISBN978-4-7646-0274-8